Y. 5622
B

# OTHON

## TRAGEDIE.

## Par P. CORNEILLE.

## A PARIS,

Chez GVILLAVME DE LVYNE, Libraire-Iuré,
au Palais dans la Sale des Merciers,
à la Iustice.

---

M. DC. LXV.
*Auec Privilege du Roy.*

# AV LECTEVR.

S I mes amis ne me trompent, cette Piéce égale ou passe la meilleure des miennes. Quantité de suffrages illustres & solides se sont déclarez pour elle, & si i'ose y mesler le mien, ie vous diray que vous y trouverez quelque iustesse dans la conduite, & un peu de bon sens dans le raisonnement. Quant aux Vers, on n'en a point veu de moy que i'aye travaillez avec plus de soin. Le Suiet est tiré de Tacite, qui commence ses Histoires par celle-cy, & ie n'en ay encor mis aucune sur le Théatre a qui i'aye gardé plus de fidélité, & prété plus d'invention. Les Caractéres de ceux que i'y fais parler y sont les mesmes que chez cet incomparable Autheur, que i'ay traduit tant qu'il m'a été possible. I'ay tasché de faire paroistre les vertus de mon Héros en tout leur esclat, sans en dissimuler les vices non-plus que luy, & ie me suis contenté de les attribuër à une Politique de Cour, où quand le Souverain se plonge dans les débauches, & que sa faveur n'est qu'à ce prix, il y a presse à qui sera de la partie. I'y ay conservé les évenemens, & pris la liberté de changer la maniére dont ils arrivent, pour en ietter tout le crime sur un meschant homme, qu'on soupçonna deslors d'avoir donné des ordres secrets pour la mort de Vinius, tant leur inimitié étoit forte & déclarée. Othon avoit promis à ce Consul d'épouser sa fille s'il le pouvoit faire choisir, à Galba pour successeur, & comme il se vit

Empereur sans son ministere, il se creut dégagé de cette promesse, & ne l'épousa point. Ie n'ay pas voulu aller plus loin que l'Histoire, & ie puis dire qu'on n'a point encor veu de Piéce, ou il se propose tant de mariages pour n'en conclure aucun. Ce sont intrigues de Cabinet qui se détruisent les unes les autres. I'en diray davantage, quand mes Libraires ioindront celle-cy aux recueils qu'ils ont fait de celles de ma façon qui l'ont précédée.

## ACTEVRS.

| | |
|---|---|
| GALBA. | Empereur de Rome. |
| VINIVS. | Consul. |
| OTHON. | Sénateur Romain Amant de Plautine. |
| LACVS. | Préfet du Prétoire. |
| CAMILLE. | Niepce de Galba. |
| PLAVTINE. | Fille de Vinius Amante d'Othon. |
| MARTIAN. | Affranchy de Galba. |
| ALBIN. | Amy d'Othon. |
| ALBIANE | Sœur d'Albin, & Dame d'honneur de Camille. |
| FLAVIE. | Amie de Plautine. |
| ATTICVS. | } Soldats Romains. |
| RVTILE. | |

LA SCENE est à Rome dans le Palais Impérial.

# OTHON
# TRAGEDIE.

## ACTE PREMIER.

### SCENE I.

### OTHON, ALBIN.

#### ALBIN.

VOSTRE amitié, Seigneur, me rendra
téméraire,
J'en abuse, & je sçay que je vay vous dé-
plaire ;
Que vous condamnerés ma curiosité :
Mais je croirois vous faire une infidélité
Si je vous cachois rien de ce que j'entens dire
De vostre amour nouveau sous ce nouvel Empire.
On s'étonne de voir qu'un homme tel qu'Othon,
Othon, dont les hauts faits soûtiennent le grand nom,

A

Daigne d'un Vinius se réduire à la fille,
S'attache à ce Consul, qui ravage, qui pille,
Qui peut tout, je l'avoüe, auprés de l'Empereur ;
Mais dont tout le pouvoir ne sert qu'à faire horreur,
Et détruit d'autant plus, que plus on le voit croistre,
Ce que l'on doit d'amour aux vertus de son Maistre.

### OTHON.

Ceux qu'on voit s'étonner de ce nouvel amour
N'ont jamais bien conçû ce que c'est que la Cour.
Vn homme tel que moy jamais ne s'en détache,
Il n'est point de retraite ou d'ombre qui le cache,
Et si du Souverain la faveur n'est pour luy,
Il faut, ou qu'il périsse, ou qu'il prenne un appuy.

Quand le Monarque agit par sa propre conduite,
Mes pareils sans péril se rangent à sa suite,
Le mérite & le sang nous y font discerner,
Mais quand ce Potentat se laisse gouverner ;
Et que de son pouuoir les grands dépositaires
N'ont pour raisons d'Etat que leurs propres affaires,
Ces lasches ennemis de tous les gens de cœur
Cherchent à nous pousser avec toute rigueur,
A moins que nostre adroite & prompte servitude
Nous dérobe aux fureurs de leur inquiétude.

Si-tost que de Galba le Senat eut fait choix,
Dans mon Gouvernement j'en établis les loix,
Et je fus le prémier qu'on vit au nouveau Prince
Donner toute une Armée & toute une Province :
Ainsi je me comptois de ses prémiers Suivants,
Mais déja Vinius auoit pris les devants ;
Martian l'Affranchy dont tu vois les pillages,
Avoit avec Lacus fermé tous les passages ;
On n'approchoit de luy que sous leur bon-plaisir ;
I'eus donc pour m'y produire un des trois à choisir.
Ie les voyois tous trois se haster sous un Maistre
Qui chargé d'un long âge a peu de temps à l'estre,

Et tous trois à l'envy s'empresser ardemment
A qui dévoreroit ce régne d'un moment.
J'eus horreur des appuis qui restoient seuls à prendre,
J'espéray quelque temps de m'en pouvoir défendre :
Mais quand Nymphidius dans Rome assassiné
Fit place au favory qui l'avoit condamné,
Que Lacus par sa mort fut Préfet du Prétoire,
Que pour couronnement d'une action si noire,
Les mesmes assassins furent encor percer
Varron, Tarquilian, Capiton, & Macer,
Je vis qu'il étoit temps de prendre mes mesures,
Qu'on perdoit de Néron toutes les créatures,
Et que demeuré seul de toute cette Cour
A moins d'un Protecteur j'aurois bien-tost mon tour,
Je choisis Vinius dans cette défiance,
Pour plus de seureté j'en cherchay l'alliance,
Les autres n'ont ny sœur, ny fille à me donner,
Et d'eux sans ce grand nœud tout est à soupçonner.

### ALBIN.

Vos vœux furent reçûs ?

### OTHON.

         Oüy déja l'Hyménée,
Auroit avec Plautine uny ma destinée,
Si ces rivaux d'Estat n'en sçavoient divertir
Vn Maistre qui sans eux n'ose rien consentir.

### ALBIN.

Ainsi tout vostre amour n'est qu'une Politique,
Et le cœur ne sent point ce que la bouche explique ?

### OTHON.

Il ne le sentit pas, Albin. du prémier jour,
Mais cette Politique est devenuë amour,
Tout m'en plaist, tout m'en charme, & mes prémiers
    scrupules
Près d'un si cher objet passent pour ridicules

Vinius eſt Conſul, Vinius eſt puiſſant,
Il a de la naiſſance, & s'il eſt agiſſant,
S'il ſuit des favoris la pente trop commune,
Plautine haït en luy ces ſoins de ſa fortune,
Son cœur eſt noble & grand.

### ALBIN.

           Quoy qu'elle ait de vertu,
Vous dévriez dans l'ame eſtre un peu combatu.
La niepce de Galba pour dot aura l'Empire,
Et vaut bien que pour elle à ce prix on ſoûpire.
Son oncle doit bien-toſt luy choiſir un époux.
Le mérite & le ſang font vn éclat en vous,
Qui pour y joindre encor celuy du Diadéme...

### OTHON.

Quand mon cœur ſe pourroit ſouſtraire à ce que j'aime,
Et que pour moy Camille auroit tant de bonté
Que je deuſſe eſpérer de m'en voir écouté,
Si, comme tu le dis, ſa main doit faire un Maiſtre,
Aucun de nos tyrans n'eſt encor las de l'eſtre,
Et ce feroit tous trois les attirer ſur moy,
Qu'aſpirer ſans leur ordre à recevoir ſa foy,
Sur tout de Vinius le ſenſible courage
Feroit tout pour me perdre après un tel outrage,
Et ſe vangeroit meſme à la face des Dieux,
Si j'auois ſur Camille oſé tourner les yeux.

### ALBIN.

Penſez-y toutesfois, ma ſœur eſt auprès d'elle,
Ie puis vous y ſervir, l'occaſion eſt belle,
Tout autre amant que vous s'en laiſſeroit charmer,
Et je vous dirois plus ſi vous oſiez l'aimer.

### OTHON.

Porte à d'autres qu'à moy cette amorce inutile,
Mon cœur tout à Plautine, eſt fermé pour Camille,

La beauté de l'objet, la honte de changer,
Le succés incertain, l'infaillible danger,
Tout fait à tes projets d'invincibles obstacles.

### ALBIN.

Seigneur, en moins de rien il se fait des miracles,
A ces deux grands rivaux peut-estre il seroit doux
D'oster à Vinius un gendre tel que vous.
Et si l'un par bon-heur à Galba vous propose...
Ce n'est pas qu'après tout j'en sçache aucune chose,
Ie leur suis trop suspect pour s'en ouvrir à moy,
Mais si je vous puis dire enfin ce que j'en croy,
Ie vous proposerois si j'étois en leur place.

### OTHON.

Aucun d'eux ne fera ce que tu veux qu'il fasse,
Et s'ils peuvent jamais trouver quelque douceur,
A faire que Galba choisiste un successeur.
Ils voudront par ce choix se mettre en asseurance,
Et n'en proposeront que de leur dépendance.
Ie sçay... Mais Vinius que j'aperçoy venir...

# SCENE II.

## VINIVS, OTHON.

### VINIVS.

Laissez-nous seuls, Albin, je veux l'entretenir.
Ie croy que vous m'aimez Seigneur, & que ma fille
Vous fait prendre intérest en toute la famille.
Il en faut une preuve, & non pas seulement
Qui consiste aux devoirs dont s'empresse un amant,

Il la faut plus folide, il la faut d'un grand homme,
D'un cœur digne en effet de commander à Rome.
Il faut ne plus l'aimer.

### OTHON.

Quoy! pour preuue d'amour...

### VINIVS.

Il faut faire encor plus, Seigneur en ce grand jour,
Il faut aimer ailleurs.

### OTHON.

Ah! que m'ofez-vous dire?

### VINIVS.

Ie fçay qu'à fon Hymen tout voftre cœur aspire;
Mais elle, & vous, & moy, nous allons tous périr,
Et voftre change feul nous peut tous fecourir.
Vous me devez, Seigneur, peut-eftre quelque chofe,
Sans moy, fans mon crédit qu'à leurs deffeins j'oppofe,
Lacus & Martian vous auroient peu fouffert,
Il faut à voftre tour rompre un coup qui me perd,
Et que, fi voftre cœur ne s'arrache à Plautine,
Vous enuelopera tous deux en ma rüine.

### OTHON.

Dans le plus doux espoir de mes vœux acceptez
M'ordonner que je change! & vous-mefme!

### VINIVS.

Ecoutez,
L'honneur que nous feroit voftre illuftre Hymenée
Des deux que j'ay nommez tient l'ame fi gefnée,
Que jufqu'icy Galba qu'ils obfédent tous deux
A refufé fon ordre à l'effet de nos vœux:
L'obftacle qu'ils y font vous peut monftrer fans peine
Quelle eft pour vous & moy leur envie & leur haine,
Et qu'aujourd'huy de l'air dont nous nous regardons,
Ils nous perdront bien-toft fi nous ne les perdons.
C'eft une verité qu'on voit trop manifefte,
Et fur ce fondement, Seigneur, je paffe au refte.

Galba vieil & caſſé qui ſe voit ſans enfans
Croit qu'on mépriſe en luy la foibleſſe des ans,
Et qu'on ne peut aimer à ſervir ſous un Maiſtre
Qui n'aura pas loiſir de le bien reconnoiſtre,
Il voit de toutes parts du tumulte excité,
Le ſoldat en Syrie eſt presque revolté.
Vitellius avance avec la force unie
Des troupes de la Gaule & de la Germanie,
Ce qu'il a de vieux corps le ſouffre avec ennuy,
Tous les Prétoriens murmurent contre luy,
De leur Nymphidius l'indigne ſacrifice
De qui ſe l'immola leur demande juſtice ;
Il le ſçait, & prétend par un jeune Empereur
Ramener les eſprits & calmer leur fureur.
Il espere un pouvoir ferme, plein, & tranquille,
S'il nomme pour Céſar un époux de Camille ;
Mais il balance encor ſur ce choix d'un époux,
Et je ne puis, Seigneur, m'aſſeurer que ſur vous.
J'ay donc pour ce grand choix vanté voſtre courage,
Et Lacus à Piſon a donné ſon ſuffrage ;
Martian n'a parlé qu'en termes ambigus,
Mais ſans doute il ira du coſté de Lacus,
Et l'unique reméde eſt de gagner Camille,
Si ſa voix eſt pour nous, la leur eſt inutile,
Nous ferons pareil nombre, & dans l'égalité,
Galba pour cette niepce aura de la bonté.
Il a remis exprès à tantoſt d'en réſoudre,
De nos teſtes, ſur eux, détournez cette foudre,
Ie vous le dis encor, contre ces grands jaloux
Ie ne me puis, Seigneur, aſſeurer que ſur vous.
De voſtre prémier choix quoy que je doive attendre,
Ie vous aime encor mieux pour maiſtre que pour gen-
   dre,
Et je ne voy pour nous qu'un naufrage certain,
S'il nous faut recevoir un Prince de leur main.

## OTHON.

Ah! Seigneur, fur ce point c'eft trop de confiance,
C'eft vous tenir trop feur de mon obéïffance,
Ie ne prens plus de loix que de ma paffion,
Plautine eft l'objet feul de mon ambition,
Et fi voftre amitié me veut détacher d'elle,
La haine de Lacus me feroit moins cruelle.
Que m'importe après tout, fi tel eft mon mal-heur,
De mourir par fon ordre, ou mourir de douleur?

### VINIVS.

Seigneur, un grand courage à quelque point qu'il aime,
Sçait toûjours au befoin fe poffeder foy-mefme.
Poppée avoit pour vous du moins autant d'appas,
Et quand on vous l'ofta vous n'en mouruftes pas.

## OTHON.

Non, Seigneur, mais Poppée étoit une infidelle,
Qui n'en vouloit qu'au trofne, & qui m'aimoit moins
    qu'elle,
Ce peu qu'elle eut d'amour ne fit du lit d'Othon
Qu'un degré pour monter à celuy de Néron,
Elle ne m'époufa qu'afin de s'y produire,
D'y ménager fa place au hazard de me nuire.
Auffi j'en fus banny fous un tître d'honneur,
Et pour ne me plus voir, on me fit Gouverneur,
Mais j'adore Plautine & je régne en fon ame,
Nous ordonner d'éteindre une fi belle flame,
C'eft ... je n'ofe le dire. Il eft d'autres Romains,
Seigneur, qui fçauront mieux appuyer vos deffeins,
Il en eft dont le cœur pour Camille foûpire,
Et qui feront ravis de vous devoir l'Empire.

### VINIVS.

Ie veux que cét efpoir à d'autres foit permis,
Mais êtes-vous fort feur qu'ils foient de nos amis?

Sçauez-vous mieux que moy s'ils plairont à Camille ?

#### OTHON.

Et croyez-vous pour moy qu'elle soit plus facile ?
Pour moy, que d'autres vœux…

#### VINIVS.

A ne vous rien celer,
Sortant d'auec Galba, j'ay voulu luy parler,
I'ay voulu sur ce point préssentir sa pensée.
I'en ay nommé plusieurs pour qui je l'ay préssée,
A leurs noms, un grand froid, un front triste, un œil bas,
M'ont fait voir aussi-tost qu'ils ne luy plaisoient pas ;
Au vostre elle a rougy, puis s'est mise à soûrire,
Et m'a soudain quitté sans me vouloir rien dire.
C'est à vous qui sçavez ce que c'est que d'aimer
A juger de son cœur ce qu'on doit présumer.

#### OTHON.

Ie n'en veux rien juger, Seigneur, & sans Plautine
L'amour m'est un poison, le bon-heur m'assassine,
Et toutes les douceurs du pouvoir souverain
Me sont d'affreux tourmens, s'il m'en couste sa main.

#### VINIVS.

De tant de fermeté j'aurois l'ame ravie,
Si cét excés d'amour nous asseuroit la vie ;
Mais il nous faut le trosne, ou renoncer au jour,
Et quand nous périrons, que servira l'amour ?

#### OTHON.

A de vaines frayeurs un noir soupçon vous livre,
Pison n'est point cruel & nous laissera vivre.

#### VINIVS.

Il nous laissera vivre & je vous ay nommé !
Si de nous voir dans Rome il n'est point alarmé,
Nos communs ennemis qui prendront sa conduite
En préviendront pour luy la dangereuse suite.
Seigneur, quand pour l'Empire on s'est veu désigner,
Il faut, quoy qu'il arrive, ou périr, ou régner.

Le pofthume Agrippa vecut peu fous Tibére,
Néron n'épargna point le fang de fon beau-frére,
Et Pifon vous perdra par la mefme raifon,
Si vous ne vous haftez de prévenir Pifon.
Il n'eft point de milieu qu'en faine Politique...

### OTHON.

Et l'amour eft la feule où tout mon cœur s'applique.
Rien ne vous a fervy, Seigneur, de me nommer,
Vous voulez que je régne, & je ne fçay qu'aimer.
Ie pourrois fçauoir plus fi l'aftre qui domine
Me vouloit faire un jour régner avec Plautine,
Mais dérober fon ame à de fi doux appas,
Pour attacher fa vie à ce qu'on n'aime pas !

### VINIVS.

Et bien, fi cét amour a fur vous tant de force,
Regnez, qui fait des loix peut bien faire un divorce,
Du trofne on confidére enfin fes vrais amis,
Et quand vous pourrez tout, tout vous fera permis.

## SCENE III.

## VINIVS, OTHON, PLAVTINE.

### PLAVTINE.

Non-pas, Seigneur, non-pas, quoy que le Ciel m'envoye,
Ie ne veux rien tenir d'une honteufe voye,
Et cette lafcheté qui me rendroit fon cœur
Sentiroit le tyran & non-pas l'Empereur.
A voftre feureté, puifque le péril preffe,
I'immoleray ma flame & toute ma tendreffe.

Et je vaincray l'horreur d'un si cruel devoir,
Pour conserver le jour à qui me l'a fait voir.
Mais ce qu'à mes desirs je fais de violence
Fait les honteux appas d'une indigne espérance,
Et la vertu qui dompte & bannit mon amour
N'en souffrira jamais qu'un vertueux retour.

OTHON.

Ah que cette vertu m'appreste un dur supplice!
Seigneur, & le moyen que je vous obéisse ?
Voyez, & s'il se peut, pour voir tout mon tourment,
Quittez vos yeux de pére, & prenez-en d'amant.

VINIVS.

L'estime de mon sang ne m'est pas interdite,
Je luy voy des attraits, je luy voy du mérite,
Ie croy qu'elle en a mesme assez pour engager,
Si quelqu'un nous perdoit, quelqu'autre à nous vanger.
Par là nos ennemis la tiendront redoutable,
Et sa perte par là devient inévitable.
Ie voy de plus, Seigneur, que je n'obtiendray rien,
Tant que vostre œil blessé rencontrera le sien,
Que le temps se va perdre en repliques frivoles,
Et pour les éviter j'achéve en trois paroles.
Si vous manquez le trosne il faut périr tous trois ;
Préuenez, attendez cét ordre à vostre choix,
Ie me remets à vous de ce qui vous regarde :
Mais en ma fille & moy ma gloire se hazarde,
De ses jours & des miens je suis maistre absolu,
Et j'en disposeray comme j'ay résolu.
Ie ne crains point la mort, mais je hay l'infamie
D'en recevoir la loy d'une main ennemie,
Et je sçauray verser tout mon sang en Romain
Si le choix que j'attens ne me retient la main.
C'est dans une heure ou deux que Galba se déclare,
Vous sçavez l'un & l'autre à quoy je me prepare.
Résoluez-en ensemble.

# SCENE IV.

## OTHON, PLAVTINE.

### OTHON.

ARreſtez-donc, Seigneur,
Et s'il faut prévenir ce mortel des-honneur
Recevez-en l'éxemple, & jugez ſi la honte…

### PLAVTINE.

Quoy, Seigneur, à mes yeux une fureur ſi prompte?
Ce noble deſespoir ſi digne des Romains,
Tant qu'ils ont du courage eſt toûjours en leurs mains,
Et pour vous, & pour moy fuſt-il digne d'un Temple,
Il n'eſt pas encor temps de m'en donner l'éxemple.
Il faut vivre, & l'amour nous y doit obliger
Pour me ſauver un pére, & pour me protéger.
Quand vous voyez ma vie à la voſtre attachée,
Faut-il que malgré-moy voſtre ame effarouchée
Pour m'ouvrir le tombeau haſte voſtre treſpas,
Et m'avance un deſtin où je ne conſents pas?

### OTHON.

Quand il faut m'arracher tout cét amour de l'ame,
Puis-je que dans mon ſang en éteindre la flame?
Puis-je ſans le treſpas…

### PLAVTINE.

            Et vous ay-je ordonné
D'eſteindre tout l'amour que ic vous ay donné?
Si l'injuſte rigueur de noſtre deſtinée
Ne permet plus l'eſpoir d'un heureux Hyménée,

Il eſt un autre amour dont les vœux innocens,
S'élévent au deſſus du commerce des ſens.
Plus la flame en eſt pure & plus elle eſt durable,
Il rend de ſon objet le cœur inſéparable,
Il a de urais plaiſirs dont ce cœur eſt charmé,
Et n'aspire qu'au bien d'aimer & d'eſtre aimé:

### OTHON.

Qu'un tel épurement demande un grand courage!
Qu'il eſt meſme aux plus grands d'un difficile uſage!
Madame, permettés que je die à mon tour
Que tout ce que l'honneur peut ſouffrir à l'amour
Vn amant le ſoûhaite, il en veut l'eſpérance.
Et ſe croit mal aimé s'il n'en a l'aſſurance.

### PLAVTINE.

Aimez-moy toutefois ſans l'attendre de moy,
Et ne m'enviez point l'honneur que j'en reçoy.
Quelle gloire à Plautine, ô Ciel, de pouvoir dire
Que le choix de ſon cœur fut digne de l'Empire,
Qu'un Héros deſtiné pour maiſtre à l'Vnivers
Voulut borner ſes vœux à vivre dans ſes fers,
Et qu'à moins que d'un ordre abſolu d'elle-meſme,
Il auroit renoncé pour elle au Diadéme?

### OTHON.

Ah! qu'il faut aimer peu pour faire ſon bon-heur,
Pour tirer vanité d'un ſi fatal honneur?
Si vous m'aimiez Madame, il vous ſeroit ſenſible
De voir qu'à d'autres vœux mon cœur fut acceſſible,
Et la néceſſité de le porter ailleurs
Vous auroit fait déja partager mes douleurs.
Mais tout mon deſespoir n'a rien qui vous alarme,
Vous pouvez perdre Othon ſans verſer une larme,
Vous en témoignez joye, & vous-meſme aspirez
A tout l'excès des maux qui me ſont préparez,

### PLAVTINE.

Que voſtre aueuglement a pour moy d'injuſtice?

B

Pour épargner vos maux , j'augmente mon supplice,
Ie souffre , & c'est pour vous que j'ose m'imposer
La gesne de souffrir , & de le déguiser.
Tout ce que vous sentez , je le sens dans mon ame,
I'ay mesmes déplaisirs comme j'ay mesme flame,
I'ay mémes desespoirs, mais je sçay les cacher,
Et paroistre insensible afin de moins toucher.
Faites à vos désirs pareille violence,
Retenez-en l'éclat , sauvez en l'apparence,
Au péril qui nous presse immolez le dehors ,
Et pour vous faire aimer  monstrez d'autres transports
Ie ne vous défens point une douleur müette,
Pourveu que nostre front n'en soit point l'interpré te,
Et que de vostre cœur vos yeux jndépendans
Triomphent comme moy des troubles du dedans.
Suivez, passez l'éxemple, & portez à Camille
Vn visage content, vn visage tranquille ,
Qui luy laisse accepter ce que vous offrirez,
Et ne démente rien de ce que vous direz.

OTHON.

Hélas? Madame, hélas! que pourray-je luy dire?

PLAVTINE.

Il y va de ma vie, il y va de l'Empire,
Réglez-vous là-dessus. Le temps se perd , Seigneur,
Adieu, donnez la main, mais gardez-moy le cœur,
Ou si c'est trop pour moy, donnez & l'un & l'autre,
Emportez mon amour & retirez le vostre:
Mais dans ce triste état, si je vous fais pitié,
Consérvez-moy toûjours l'estime, & l'amitié,
Et n'oubliez jamais quand vous serez le maistre.
Que c'est moy qui vous force & qui vous aide à l'estre.

OTHON.

Que ne m'est-il permis d'éviter par ma mort
Les barbares rigueurs d'un si crüel effort?

*Fin du prémier Acte.*

# ACTE SECOND.

## SCENE I.

### PLAVTINE, FLAVIE.

#### PLAVTINE.

DY-moy donc, lors qu'Othon s'eft offert
à Camille,
A-t'il paru contraint? a-t'elle été facile?
Son hommage auprès d'elle a-t'il eu plein
effet?
Comment l'a-t'elle pris, & comment l'a-t'il fait?

#### FLAVIE.

I'ay tout veu, mais enfin voftre humeur curieufe
A vous faire un fupplice eft trop ingénieufe
Quelque refte d'amour qui vous parle d'Othon,
Madame, oubliez-en, s'il fe peut, jufqu'au nom :
Vous vous étes vaincuë en faveur de fa gloire,
Gouftez un plein triomphe après voftre victoire.
Le dangereux récit que vous me commandez
Eft un nouveau combat où vous vous hazardez.
Voftre ame n'en eft pas encor fi détachée
Qu'il puiffe aimer ailleurs fans qu'elle en foit touchée,
Prenez moins d'intéreft à l'y voir réüffir,
Et fuyez le chagrin de vous en éclaircir.

### PLAVTINE.

Ie le force moy-mefme à fe monftrer volage,
Et regardant fon change ainfi que mon ouvrage,
I'y prens un intéreft qui n'a rien de jaloux,
Qu'on l'accepte, qu'il régne, & tout m'en fera doux.

### FLAVIE

I'en doute, & rarement une flame fi forte
Souffre qu'à noftre gré fes ardeurs....

### PLAVTINE.

Que t'importe ?

Laiffe m'en le hazard, & fans diffimuler
Dy de quelle maniere il a fçû luy parler.

### FLAVIE.

N'imputez donc qu'à vous fi voftre ame inquiéte
En reffent malgré-moy quelque gefne fécrette.
Othon à la Princeffe a fait un compliment
Plus en homme de Cour qu'en véritable amant.
Son éloquence accorte enchaifnant avec grace
L'excufe du filence à celle de l'audace,
En termes trop choifis accufoit le refpect
D'avoir tant retardé cét hommage fufpect.
Ses geftes concertez, fes regards de mefure
Ny laiffoient aucun mot aller à l'avanture,
On ne voyoit que pompe en tout ce qu'il peignoit,
Iufque dans fes foûpirs la juftefle régnoit,
Et fuivoit pas-à-pas un effort de memoire
Qu'il étoit plus aifé d'admirer que de croire.
Camille fembloit mefme affés de cét avis,
Elle auroit mieux goufté des difcours moins fuivis,
Ie l'ay veu dans fes yeux, mais cette défiance
Avoit avec fon cœur trop peu d'intelligence ;
De ces juftes foupçons fes fouhaits indignez
Les ont tout auffi-tôt détruits, ou dédaignez,
Elle a voulu tout croire, & quelque retenuë
Qu'ait fçû garder l'amour dont elle eft prévenuë

On a veu par ce peu qu'il laiſſoit échaper,
Qu'elle prenoit plaiſir à ſe laiſſer tromper ,
Et que ſi quelquefois l'horreur de la contrainte
Forçoit le triſte Othon à ſoupirer ſans feinte ,
Soudain l'avidité de régner ſur ſon cœur
Imputoit à l'amour ces ſoupirs de douleur.

### PLAVTINE.

Et ſa réponſe en fin ?

### FLAVIE.

                    Elle a paru civile ,
Mais la civilité n'eſt qu'amour en Camille ,
Comme en Othon l'amour n'eſt que civilité.

### PLAVTINE.

Et n'a-t'elle rien dit de ſa légéreté ?
Rien de la foy qu'il ſemble avoir ſi mal gardée ?

### FLAVIE.

Elle a ſçû rejetter cette faſcheuſe idée,
Et n'a pas témoigné qu'elle ſçeuſt ſeulement
Qu'on l'eut veu pour vos yeux ſoupirer un moment.

### PLAVTINE.

  Mais qu'a-t'elle promis ?

### FLAVIE.

                  Que ſon devoir fidelle
Suivroit ce que Galba voudroit ordonner d'elle,
Et de peur d'en trop dire & d'ouvrir trop ſon cœur,
Elle l'a renvoyé ſoudain vers l'Empereur,
Il luy parle à préſent. Qu'en dites-vous, Madame,
Et de cét entretien que ſouhaite voſtre ame ?
Voulez-vous qu'on l'accepte , ou qu'il n'obtienne rien ?

### PLAVTINE.

  Moy-meſme à dire vray je ne le ſçay pas bien.
Comme des deux coſtez le coup me ſera rude,
J'aimerois à joüir de cette inquiétude,
Et tiendrois à bon-heur le reſte de mes jours
De n'en ſortir jamais , & de douter toujours.

                         B iij

FLAVIE.

Mais il faut se résoudre & vouloir quelque chose.

PLAVTINE.

Souffre sans m'alarmer que le Ciel en dispose.
Quand son ordre une fois en aura résolu,
Il nous faudra vouloir ce qu'il aura voulu.
Ma raison cependant céde Othon à l'Empire,
Il est de mon honneur de ne m'en pas dédire,
Et soit ce grand souhait volontaire, ou forcé,
Il est beau d'achever comme on a commencé.
Mais je voy Martian?

## SCENE II.

### MARTIAN, FLAVIE, PLAVTINE.

PLAVTINE.

O Ve venez-vous m'apprendre.

MARTIAN.

Que de vostre seul choix l'Empire va dépendre,
Madame.

PLAVTINE

Quoy, Galba voudroit suivre mon choix?

MARTIAN.

Non, mais de son Conseil nous ne sommes que trois,
Et si pour vostre Othon vous voulez mon suffrage,
e vous le viens offrir avec un humble hommage.

PLAVTINE.

Auec ?

MARTIAN.

Auec des vœux fincéres & foûmis,
Qui feront encor plus fi l'espoir m'eft permis.

PLAVTINE.

Quels vœux, & quel espoir ?

MARTIAN.

Cét important feruice,
Qu'un fi profond respect vous offre en facrifice . . .

PLAVTINE.

Et bien, il remplira mes défirs les plus doux,
Mais pour reconnoiffance, enfin, que voulez-vous ?

MARTIAN.

La gloire d'eftre aimé.

PLAVTINE.

De qui ?

MARTIAN.

De vous, Madame

PLAVTINE.

De moy-mefme ?

MARTIAN.

De vous, j'ay des yeux, & mon ame,

PLAVTINE.

Vôtre ame en me faifant cette civilité
Devroit l'accompagner de plus de vérité.
On n'a pas grande foy pour tant de déférence,
Lors qu'on voit que la fuite a fi peu d'apparence.
L'offre fans doute eft belle, & bien digne d'un pris,
Mais en le choififfant vous vous étes mépris ;
Si vous me connoiffiez, vous feriez mieux paroiftre . . .

MARTIAN.

Hélas! mon mal ne vient que de vous trop connoiftre,
Mais vous mefme après tout ne vous connoiffez pas,
Quand vous croyez fi peu l'effet de vos appas.

Si vous daigniez ſçauoir quel eſt voſtre mérite,
Vous ne douteriez point de l'amour qu'il excite.
Othon m'en ſert de preuve, il n'auoit rien aimé,
Depuis que de Poppée il s'étoit veu charmé,
Bien que d'entre ſes bras Neron l'eût enlevée,
L'image dans ſon cœur s'en étoit conſervée,
La mort meſme, la mort n'auoit pû l'en chaſſer ;
A vous ſeule étoit deû l'honneur de l'effacer,
Vous ſeule d'un coup d'œil emportaſtes la gloire
D'en faire évanouïr la plus douce mémoire,
Et d'avoir ſçeu réduire à de nouveaux ſouhaits
Ce cœur impénétrable aux plus charmants objets.
Et vous vous étonnez que pour vous ie ſoûpire !

### PLAVTINE.

Ie m'étonne bien plus que vous me l'oſiez dire,
Ie m'étonne de voir qu'il ne vous ſouvient plus
Que l'heureux Martian fuſt l'esclaue Icélus,
Qu'il a changé de nom ſans changer de viſage.

### MARTIAN.

C'eſt ce crime du Sort qui m'enfle le courage.
Lors qu'en dépit de luy ie ſuis ce que ie ſuis,
On voit ce que ie vaux voyant ce que ie puis.
Vn pur hazard ſans nous régle noſtre naiſſance ;
Mais comme le mérite eſt en noſtre puiſſance,
La honte d'un deſtin qu'on vit mal aſſorty
Fait d'autant plus d'honneur quand on en eſt ſorty.
Quelque tache en mon ſang que laiſſent mes Anceſtres,
Depuis que nos Romains ont accepté des maiſtres.
Ces maiſtres ont toûjours fait choix de mes pareils
Pour les prémiers emplois, & les ſecrets conſeils.
Ils ont mis en nos mains la fortune publique,
Ils ont ſoûmis la Terre à noſtre Politique :
Patrobe, Polycléte, & Narciſſe, & Pallas,
Ont dépoſé des Rois, & donné des Eſtats,

On nous enléve au trofne au fortir de nos chaifnes,
Sous Claude on vit Félix le mary de trois Reines,
Et quand l'amour en moy vous préfente un époux
Vous me traitez d'efclave, & d'indigne de vous !
Madame, en quelque rang que vous ayez pû naiftre,
C'eft beaucoup que d'avoir l'oreille du grand maiftre.
Vinius eft Conful & Lacus eft Préfet,
Ie ne fuis l'un ny l'autre, & fuis plus en effet,
Et de ces Confulats, & de ces Préféctures
Ie puis quand il me plaift faire des Créatures,
Galba m'écoute enfin, & c'ét eftre aujourd'huy,
Quoy que fans ces grands noms, le prémier d'après luy.

## PLAVTINE.

Pardonnez donc, Seigneur, fi je me fuis méprife,
Mon orgueïl dans vos fers n'a rien qui l'authorife,
Ie viens de me connoiftre, & me vois à mon tour
Indigne des honneurs qui fuivent voftre amour.
Avoir brifé ces fers, fait vn dégré de gloire
Au deffus des Confuls, des Prefets, du Prétoire,
Et fi de cét amour je n'ofe eftre le prix,
Le refpect m'en empefche, & non plus le mépris,
On m'avoit dit pourtant que fouvent la Nature
Gardoit en vos pareils fa prémiére teinture,
Que ceux de nos Céfars qui les ont écoutez
Ont tous fouïllé leurs noms par quelques lafchetez,
Et que pour dérober l'Empire à cette honte
L'Vnivers a befoin qu'un vray Héros y monte.
C'eft ce qui me faifoit y fouhaiter Othon :
Mais à ce que j'apprends ce fouhait n'eft pas bon,
Laiffons-en faire aux Dieux, & faites vous juftice,
D'un cœur vraiment Romain dédaignez le caprice,
Cent Reines à l'envy vous prendront pour époux,
Félix en eut bien trois, & valoit moins que vous.

## MARTIAN.

Madame, encore vn coup, souffrez que je vous aime,
Songez que dans ma main j'ay le pouuoir supréme,
Qu'entre Othon & Pison mon suffrage incertain,
Suivant qu'il panchera, va faire un Souverain.
Ie n'ay fait jusqu'icy qu'empescher l'Hyménée
Qui d'Othon avec vous eust ioint la destinée,
I'aurois pû hazarder quelque chose de plus ;
Ne m'y contraignez point à force de refus.
Quand vous cédez Othon, me souffrir en sa place,
Peut-estre ce sera faire plus d'une grace ;
Car de vous voir à luy ne l'espérez jamais.

# SCENE III.

# PLAVTINE, LACVS, MARTIAN, FLAVIE.

## LACVS.

Madame, enfin Galba s'accorde à vos souhaits,
Et j'ay tant fait sur luy que dès cette journée
De vous avec Othon il consent l'Hyménée.

## PLAVTINE.

Qu'en dites vous, Seigneur? pourrez vous bien souffrir
Cét Hymen que Lacus de sa part vient m'offrir ?
Le Grand-Maistre à parlé, voudrez vous l'en dédire,
Vous qu'on voit après luy le prémier de l'Empire ?
Doy-je me ravaler iusques à cét époux ?
Ou doy-je par vostre ordre aspirer jusqu'à vous ?

LACVS.

Quel Enigme est ce-cy, Madame ?

PLAVTINE.

Sa grande ame
Me faisoit tout à l'heure un présent de sa flame ;
Il m'asseuroit qu'Othon jamais ne m'obtiendroit,
Et disoit à demy qu'un refus nous perdroit.
Vous m'osez cependant asseurer du contraire,
Et je ne sçay pas bien quelle réponse y faire.
Comme en de certains temps il fait bon s'expliquer,
En d'autres il vaut mieux ne s'y point embarquer.
Grands Ministres d'Etat , accordez vous ensemble,
Et je pourray vous dire après ce qui m'en semble.

## SCENE IV.

## LACVS MARTIAN.

### LACVS.

VOus aimez donc Plautine, & c'est là cette foy ?
Qui contre Vinius vous attachoit à moy ?

### MARTIAN.

Si les yeux de Plautine ont pour moy quelque charme
Y trouvez-vous , Seigneur, quelque su et d'alarme ?
Le moment bien-heureux qui m'en feroit l'époux
Réüniroit par moy Vinius avec vous,
Par-là de nos trois cœurs l'amitié ressaisie
En déracineroit , & haine, & jalousie ;
Le pouvoir de tous trois par tous trois affermy
Auroit pour nœud commun son gendre en vostre amy

Et quoy que contre vous il osaſt entreprendre...

### LACVS.

Vous ſeriez mon amy, mais vous ſeriez ſon gendre,
Et c'eſt un foible appuy des intéreſts de Cour
Qu'une vieille amitié contre un nouvel amour.
Quoy que veuille éxiger une femme adorée,
La réſiſtance eſt vaine, ou de peu de durée,
Elle choiſit ſes temps, & les choiſit ſi bien,
Qu'on ſe voit hors d'état de luy refuſer rien.
Vous meſme êtes vous ſeur que ce nœud la retienne
D'ajouſter, s'il le faut, voſtre perte à la mienne ?
Apprenez que des cœurs ſéparez à regret
Trouvent de ſe rejoindre aiſément le ſecret.
Othon n'a pas pour elle éteint toutes ſes flâmes,
Il ſçait comme aux maris on arrache les femmes,
Cét art ſur ſon éxemple eſt commun aujourd'huy ;
Et ſon maiſtre Néron l'avoit appris de luy.
Après tout je me trompe, ou près de cette belle ...

### MARTIAN.

I'eſpére en Vinius, ſi je n'eſpére en elle.
Et l'offre pour Othon de luy donner ma voix,
Soudain en ma faveur emportera ſon choix.

### LACVS.

Quoy, vous nous donneriez vous-meſme Othon pour
　　　maiſtre ?

### MARTIAN.

Et quel autre dans Rome eſt plus digne de l'eſtre ?

### LACVS.

Ah ! pour en eſtre digne, il l'oſt, & plus que tous,
Mais auſſi pour tout dire, il en ſçait trop pour nous.
Il ſçait trop ménager ſes vertus & ſes vicés ;
Il étoit ſous Néron de toutes ſes délices,
Et la Luſitanie a veu ce meſme Othon
Gouverner en Ceſar, & juger en Caton.

Tout

Tout favory dans Rome , & tout maiftre en Province,
De lafche courtifan il s'y montra grand Prince,
Et fon ame ployante attendant l'avenir
Sçait faire également fa Cour & la tenir.
Sous un tel Souverain nous fommes peu de chofe.
Son foin jamais fur nous tout-à-fait ne repofe,
Sa main feule départ fes liberalitez ,
Son choix feul diftribüe Etats & Dignitez,
Du timon qu'il embraffe il fe fait le feul guide,
Confulte & réfout feul , écoute & feul décide,
Et quoy que nos emplois puiffent faire de bruit,
Si-toft qu'il nous veut perdre, un coup d'œil nous dé-
    truit.
Voyez d'ailleurs Galba, quel pouvoir il nous laiffe,
En quel pofte fous luy nous a mis fa foibleffe.
Nos ordres réglent tout , nous donnons, retranchons,
Rien n'eft êxécuté dès que nous l'empefchons,
Comme par un de nous il faut que tout s'obtienne,
Nous voyons noftre Cour plus groffe que la fienne,
Et noftre jndépendance jroit au dernier point,
Si l'heureux Vinius ne la partageoit point,
Noftre unique chagrin eft qu'il nous la difpute.
L'âge met cependant Galba près de fa cheute,
De peur qu'il nous entraifne il faut un autre appuy         ,
Mais il le faut pour nous auffi foible que luy.
Il nous en faut prendre un qui fatisfait des tîtres
Nous laiffe du pouvoir les fuprèmes arbitres.
Pifon a l'ame fimple & l'efprit abatu,
S'il a grande naiffance, il a peu de vertu;
Non de cette vertu qui détefte le crime,
Sa probité févére eft digne qu'on l'eftime,
Elle a tout ce qui fait un grand homme de bien ,
Mais en un Souverain c'eft peu de chofe, ou rien,
Il faut de la prudence, il faut de la lumiére,
Il faut une vigueur adroite autant que fiére ,

                                            C

Qui pénétre, ébloüiſſe, & ſéme des appas ..
Il faut mille vertus en fin qu'il n'aura pas.
Luy-meſme il nous prîra d'avoir ſoin de l'Empire,
En ſçaura ſeulement ce qu'il nous plaira dire,
Plus nous l'y tiendrons bas, plus il nous mettra haut,
Et c'eſt là juſtement le maiſtre qu'il nous faut.

### MARTIAN.

Mais, Seigneur, ſur le troſne élever un tel homme,
C'eſt mal ſervir l'Etat, & faire opprobre à Rome.

### LACVS.

Et qu'jmporte à tous deux de Rome & de l'Etat ?
Qu'jmporte qu'on leur voye ou plus, ou moins d'éclat ?
Faiſons nos ſeuretez & moquons-nous du reſte.
Point, point de bien public, s'il nous devient funeſte,
De noſtre grandeur ſeule ayons des cœurs jaloux,
Ne vivons que pour nous, & ne penſons qu'à nous.
Ie vous le dis encor, mettre Othon ſur nos teſtes,
C'eſt nous livrer tous deux à d'horribles tempeſtes.
Si nous l'en voulons croire, il nous devra le tout,
Mais de ce grand projet s'il vient par nous à bout,
Vinius en aura luy ſeul tout l'avantage,
Comme il l'a propoſé, ce ſera ſon ouvrage,
Et la mort, ou l'éxil, ou les abaiſſemens,
Seront pour vous & moy ſes vrais remercimens.

### MARTIAN.

Ouy, noſtre ſeureté veut que Piſon domine.
Obtenez-en pour moy qu'il m'aſſeure Plautine,
Ie vous promets pour luy mon ſuffrage à ce prix.
La violence eſt juſte après de tels mépris,
Commençons à joüir par-là de ſon Empire,
Et voyons s'il eſt homme à nous oſer dédire.

### LACVS.

Quoy voſtre amour toûjours fera ſon capital
Des attraits de Plautine & du nœud conjugal ?

Et bien il faudra voir qui fera plus utile
D'en croire... mais voicy la Princesse Camille.

## SCENE V.

## CAMILLE, LACVS, MARTIAN, ALBIANE.

### CAMILLE.

IE vous rencontre ensemble icy fort à propos
Et voulois à tous deux vous dire quatre mots.
Si j'en croy certain bruit que je ne puis vous taire,
Vous poussez un peu loin l'orgueïl du ministére,
On dit que sur mon rang vous étendez sa loy,
Et que vous vous meslez de disposer de moy:

### MARTIAN.

Nous, Madame?

### CAMILLE.

Faut-il que je vous obéïsse,
Moy, dont Galba prétend faire une Impératrice?

### LACVS.

L'un & l'autre sçait trop quel respect vous est dû.

### CAMILLE.

Le crime en est plus grand, si vous l'avez perdu.
Parlez, qu'avez-vous dit à Galba l'un & l'autre?

### MARTIAN.

Sa pensée a voulu s'asseurer sur la nostre,
Et s'étant proposé le choix d'un successeur
Pour laisser à l'Empire un digne possesseur,

Sur ce don impréveu qu'il fait du Diadème
Vinius a parlé, Lacus a fait de mesme,

CAMILLE.

Et ne sçavez-vous point, & Vinius, & vous,
Que ce grand successeur doit estre mon époux ?
Que le don ma main suit ce don de l'Empire ?
Galba par vos conseils voudroit-il s'en dédire ?

LACVS.

Il est toûjours le mesme, & nous avons parlé
Suivant ce qu'à tous deux le Ciel a révélé.
En ces occasions luy qui tient les Couronnes
Inspire les avis sur le choix des personnes.
Nous avons creû d'ailleurs pouvoir sans attentat
Faire vos intérests de ceux de tout l'Etat:
Vous ne voudriez pas en avoir de contraires.

CAMILLE.

Vous n'avez, vous ny luy, pensé qu'à vos affaires,
Et nous offrir Pison c'est assez témoigner...

LACVS.

Le trouvez-vous, Madame, indigne de régner ?
Il a de la vertu, de l'esprit, du courage,
Il a de plus...

CAMILLE.

De plus il a vostre suffrage,
Et c'est assez dequoy mériter mes refus.
Par respect de son sang je ne dis rien de plus.

MARTIAN.

Aimeriez-vous Othon que Vinius propose ?
Othon dont vous sçavez que Plautine dispose,
Et qui n'aspire icy qu'à luy donner sa foy ?

CAMILLE.

Qu'il brusle encor pour elle, ou la quitte pour moy,
Ce n'est pas vostre affaire, & vostre éxactitude
Se charge en ma faveur de trop d'inquiétude.

### LACVS.

Mais l'Empereur confent qu'il l'époufe aujourd'huy,
Et moy-mesme je viens de l'obtenir pour luy.

### CAMILLE.

Vous en a-t'il prié ? dites, ou fi l'envie...

### LACVS.

Vn véritable amy n'attend point qu'on le prie.

### CAMILLE.

Cette amitié me charme , & je dois avoüer
Qu'Othon a jufqu'icy tout lieu de s'en loüer ,
Que l'heureux contre-temps d'un fi rare fervice...

### LACVS.

Madame...

### CAMILLE.

        Croyez-moy , mettez bas l'artifice,
Ne vous hazardez point à faire un Empereur.
Galba connoît l'Empire , & je connoy mon cœur,
Ie fçay ce qui m'eft propre , il voit ce qu'il doit faire,
Et quel Prince à l'Etat eft le plus falutaire ;
Si le Ciel vous jnspire , il aura foin de nous ,
Et fçaura fur ce point nous accorder fans vous.

### LACVS.

Si Pifon vous déplaift , il en eft quelques autres ..

### CAMILLE.

N'attachez point icy mes intérefts aux voftres,
Vous avez de l'esprit , mais j'ay des yeux perçans.
Ie voy qu'il vous eft doux d'eftre les tous-puiffans ,
Et je n'empefche point qu'on ne vous continuë
Voftre toute-puiffance au point qu'elle eft venuë ;
Mais quant à cét époux, vous me ferez plaifir
De trouver bon qu'enfin je puiffe le choifir.
Ie m'aime un peu moy-mefme,& n'ay pas grande envie
De vous facrifier le repos de ma vie.

### MARTIAN.

Puisqu'il doit avec vous régir tout l'Vnivers...

### CAMILLE.

Faut-il vous dire encor que j'ay des yeux ouverts ?
Ie voy jusqu'en vos cœurs, & m'obſtine à me taire,
Mais je pourrois enfin dévoiler le myſtére.

### MARTIAN.

Si l'Empereur nous croit...

### CAMILLE.

　　　　　　Sans doute il vous croira ,
Sans doute je prendray l'époux qu'il m'offrira.
Soit qu'il plaiſe à mes yeux, ſoitqu'il me choque en l'ame
Il ſera voſtre maiſtre , & je ſeray ſa femme ;
Le temps me donnera ſur luy quelque pouvoir ,
Et vous pourrez alors vous en apercevoir.
Voila les quatre mots que j'avois à vous dire,
Penſe-y ?

---

# SCENE VI.

## LACVS, MARTIAN.

### MARTIAN.

CE couroux que Piſon nous attire...,

### LACVS

Vous vous en alarmez ? laiſſons la diſcourir,
Et ne nous perdons pas de crainte de périr ,

### MARTIAN.

Vous voyez quel orgueil contre nous l'intéreſſe.

### LACVS.

Plus elle m'en fait voir , plus je voy ſa foibleſſe.
Faiſons régner Piſon,& malgré ce couroux,
Vous verrez qu'elle-meſme aura beſoin de nous.

*Fin du ſecond Acte.*

# ACTE TROISIEME.

## SCENE I.

### CAMILLE ALBIANE.

#### CAMILLE.

ON frére te l'a dit, Albiane ?
###### ALBIANE.
Oüy, Madame ?
Galba choifit Pifon, & vous étes fa femme,
Où pour en mieux parler l'esclave de Lacus,
A moins d'un éclatant & généreux refus.
###### CAMILLE.
Et que dévient Othon ?
###### ALBIANE.
Vous allez voir fa tefte
De vos trois ennemis affermir la conquefte,
Ie veux dire, affeurer vostre main à Pifon,
Et l'Empire aux tyrans qui font régner fon nom.
Car comme jl n'a pour luy qu'une fuite d'Anceftres,
Lacus & Martian vont étre nos vrais maiftres,
Et Pifon ne fera qu'un jdole facré
Qu'ils tiendront fur l'Autel pour répondre à leur gré.

Sa probité ſtupide autant comme farouche
A prononcer leurs loix aſſervira ſa bouche,
Et le prémier Arreſt qu'ils luy feront donner
Les défera d'Othon qui les peut détroſner.

### C A M I L L E.

O Dieux, que je le plains !

### A L B I A N E.

           Il eſt ſans doute à plaindre,
Si vous l'abandonnez à tout ce qu'il doit craindre ;
Mais comme enfin la mort finira ſon ennuy,
Ie crains fort de vous voir plus à plaindre que luy.

### C A M I L L E.

L'Hymen ſur un époux donne quelque puiſſance.

### A L B I A N E.

Octavie a péry ſur cette confiance.
Son ſang qui fume encore vous monſtre à quel deſſein
Peut expoſer vos jours un nouveau Tigellin ,
Ce grand choix vous en donne à craindre deux enſemble,
Et pour moy plus i'y ſonge, & plus pour vous je tremble.

### C A M I L L E.

Quel reméde, Albiane ?

### A L B I A N E.

         Aimer, & faire voir . . . .

### C A M I L L E.

Que l'amour eſt ſur moy plus fort que le devoir ?

### A L B I A N E.

Songez moins à Galba qu'à Lacus qui vous brave ,
Et qui vous fait encor braver par un esclave,
Songez à vos périls, & peut-eſtre à ſon tour
Ce devoir paſſera du coſté de l'amour.
Bien que nous devions tout aux puiſſances ſuprèmes,
Madame , nous devons quelque choſe à nous-meſmes,
Sur tout quand nous voyons des ordres dangereux
Sous ces grands Souverains partir d'autres que d'eux.

CAMILLE.

Mais Othon m'aime-t-il ?

ALBIANE.

S'il vous aime ? ah ! Madame ?

CAMILLE.

On a creu que Plautine avoit toute son ame.

ALBIANE.

On l'a dû croire aussi, mais on s'est abusé.
Autrement, Vinius l'auroit-il proposé ?
Auroit-il pû trahir l'espoir d'en faire un gendre ?

CAMILLE.

En feignant de l'aimer que pouvoit-il prétendre ?

ALBIANE.

De s'approcher de vous, & se faire en la Cour
Vn accès libre & seur pour un plus digne amour.
De Vinius par-là gagnant la bien-veillance,
Il a sçû le jetter dans une autre esperance,
Et le flater d'un rang plus haut, & plus certain,
S'il devenoit par vous Empereur de sa main.
Vous voyez à ces soins que Vinius s'applique
En mesme temps qu'Othon auprès de vous s'explique.

CAMILLE.

Mais à se déclarer il a bien attendu.

ALBIANE.

Mon frére jusque-là vous-en a répondu !

CAMILLE.

Tandis tu m'as réduite à faire un peu d'avance,
A consentir qu'Albin combatist son silence,
Et méme Vinius, dès qu'il me l'a nommé.
A pû voir aisément qu'il pourroit estre aimé.

ALBIANE.

C'est la gesne où réduit celles de vôtre sorte
La scrupuleuse loy du respect qu'on leur porte.
Il arréte les vœux, captive les désirs,
Abaisse les regards, étouffe les soûpirs,

Dans le milieu du cœur enchaisne sa tendresse,
Et tel est en aimant le sort d'une Princesse,
Que quelque amour qu'elle aye & qu'elle ait pû donner,
Il faut qu'elle devine, & force à deviner.
Quelque peu qu'on luy die, on craint de luy trop dire,
A peine on se hazarde à jurer qu'on l'admire,
Et pour apprivoiser ce respect ennemy
Il faut qu'en dépit d'elle elle s'offre à demy.
Voyés vous comme Othon sçauroit encor se taire,
Si je ne l'avois fait enhardir par mon frere ?

### CAMILLE.

Tu le crois-donc, qu'il m'aime ?

### ALBIANE.

Et qu'il luy seroit dous
Que vous eussiez pour luy l'amour qu'il a pour vous.

### CAMILLE.

Hélas ! que cét amour croit tost ce qu'il souhaite !
En vain la raison parle, en vain elle inquiéte,
En vain la défiance ose ce qu'elle peut,
Il veut croire, & ne croit que parce qu'il le veut.
Pour Plautine ou pour moy je voy du stratagème,
Et m'obstine avec joye à m'aveugler moy-mesme,
Ie plains cette abusée, & c'est moy qui la suis
Peut-estre, & qui me livre à d'éternels ennuis.
Peut-estre en ce moment qu'il m'est doux de te croire
De ses vœux à Plautine il assûre la gloire,
Peut-estre . . .

## SCENE II.

## CAMILLE, ALBIN, ALBIANE,
### ALBIN.

L'Empereur vient icy vous trouver,
Pour vous dire son choix, & le faire approuver.

S'il vous déplaift, Madame, il faut de la conftance,
Il faut une fidelle & noble réfiftance,
Il faut...

### CAMILLE.

De mon devoir ie fçauray prendre foin.
Allez chercher Othon pour en eftre témoin.

## SCENE III.

### GALBA, CAMILLE, ALBIANE.

### GALBA.

Qvand la mort de mes fils défola ma famille,
Ma niéce, mon amour vous prit deflors pour fille,
Et regardant en vous les reftes de mon fang,
Ie flatay ma douleur en vous donnant leur rang.
Rome qui m'a depuis chargé de fon Empire,
Quand fous le poids de l'âge à peine je respire,
A veu ce méme amour me le faire accepter,
Moins pour me feoir fi haut, que pour vous y porter.
Non que fi jusque-là Rome pouvoit renaiftre
Quelle fuft en état de fe paffer de Maiftre,
Ie ne me crûffe digne en cét heureux moment
De commencer par moy fon rétabliffement :
Mais cét Empire immenfe eft trop vafte pour elle,
A moins que d'une tefte un fi grand corps chancelle,
Et pour le nom des Rois fon invincible horreur
S'eft d'ailleurs fi bien faite aux loix d'un Empereur,
Qu'elle ne peut fouffrir après cette habitude,
Ny pleine liberté, ny pleine fervitude.

Elle veut donc un Maiſtre, & Néron condamné
Fait voir ce qu'elle veut en un front couronné.
Vindex, Rufus, ny moy, n'avons causé ſa perte,
Ses crimes ſeuls l'ont faite, & le Ciel l'a ſoufferte,
Pour marque aux Souverains qu'ils doivent par l'effet
Répondre dignement au grand choix qu'il en fait.
Iuſques à ce grand coup, un honteux eſclavage
D'une ſeule maiſon nous faiſoit l'héritage,
Rome n'en a repris au lieu de liberté
Qu'un droit de mettre ailleurs la ſouveraineté,
Et laiſſer après moy dans le troſne un grand homme,
C'eſt tout ce qu'aujourd'huy je puis faire pour Rome.
Prendre un ſi noble ſoin, c'eſt en prendre de vous,
Ce maiſtre qu'il luy faut vous eſt dû pour époux,
Et mon zèle s'unit à l'amour paternelle
Pour vous en donner un digne de vous & d'elle.
Iule, & le grand Auguſte ont choiſi dans leur ſang
Ou dans leur alliance à qui laiſſer ce rang,
Moy ſans conſiderer aucun nœud domeſtique
Fut fait ce choix comme eux, mais dans la République,
Ie l'ay fait de Piſon, c'eſt le ſang de Craſſus,
C'eſt celuy de Pompée, il en a les vertus,
Et ces fameux Heros dont il ſuivra la trace
Ioindront de ſi grands noms aux grands noms de ma
    race,
Qu'il n'eſt point d'Hyménée, en qui l'égalité
Puiſſe élever l'Empire à plus de Dignité.

## CAMILLE.

I'ay tâché de répondre à cét amour de pére
Par un tendre reſpect qui chérit & révére,
Seigneur, & je voy mieux encor par ce grand choix
Et combien vous m'aimez, & combien je vous dois,
Ie ſçay ce qu'eſt Piſon, & quelle eſt ſa nobleſſe ;
Mais ſi j'oſe à vos yeux montrer quelque foibleſſe,

Quelque

Quelque digne qu'il soit & de Rome & de moy,
Ie tremble à luy promettre & mon cœur & ma foy,
Et j'avoûray, Seigneur, que pour mon Hyménée
Ie croy tenir un peu de Rome où je suis née.
Ie ne demánde point la pleine liberté,
Puisqu'elle en a mis bas l'intrépide fierté ;
Mais si vous m'imposez la pleine servitude,
I'y trouveray comme elle un joug un peu bien rude.
Ie suis trop ignorante en matiére d'Etat,
Pour sçavoir quel doit estre un si grand Potentat ;
Mais Rome dans ses murs n'a-t'-elle qu'un seul
     homme ?
N'a-t'-elle que Pison qui soit digne de Rome,
Et dans tous ses Etats n'en sçauroit-on voir deux,
Que puissent vos bontez hazarder à mes vœux ?
     Néron fit aux vertus une crüelle guerre,
S'il en a dépeuplé les trois parts de la Terre
Et si pour nous donner de dignes Empereurs,
Pison seul avec vous échape à ses fureurs.
Il est d'autres Héros dans un si vaste Empire,
Il en est qu'aprés vous on se plairoit d'élire,
Et qui sçauroient mesler sans vous faire rougir
L'Art de gagner les cœurs au grand Art de régir.
D'une vertu sauvage on craint un dur Empire,
Souvent on s'en dégouste au moment qu'on l'admire,
Et puisque ce grand choix me doit faire un époux,
Il seroit bon qu'il eust quelque chose de doux,
Qu'on vist en sa personne également paroistre
Les graces d'un Amant & les hauteurs d'un Maistre,
Et qu'il fust aussi propre à donner de l'amour,
Qu'à faire icy trembler sous luy toute la Cour.
Souvent un peu d'amour dans le cœur des Monar-
     ques
Accompagne assez bien leurs plus illustres marques

                              D

Ce n'eſt pas qu'aprés tout je penſe à réſiſter,
I'aime à vous obéïr, Seigneur ſans conteſter,
Pour prix d'vn ſacrifice où mon cœur ſe diſpoſe,
Permettez qu'un époux me doive quelque choſe.
Dans cette ſervitude où ſe plaiſt mon deſir
C'eſt quelque liberté qu'un ou deux à choiſir.
Voſtre Piſon peut-eſtre aura dequoy me plaire,
Quand il ne ſera plus un mary néceſſaire,
Et ſon amour pour moy ſera plus aſſeuré,
S'il voit à quels rivaux ie l'auray préféré.

### GALBA.

Ce long raiſonnement dans ſa délicateſſe
A vos tendres reſpects meſle beaucoup d'adreſſe;
Si le refus n'eſt juſte, il eſt doux & civil.
Parlez donc, & ſans feinte, Othon vous plairoit-il?
On me l'a propoſé, qu'y trouvez-vous à dire?

### CAMILLE.

L'avez vous creu d'abord indigne de l'Empire,
Seigneur?

### GALBA.

Non, mais depuis conſultant ma raiſon
I'ay trouvé qu'il falloit luy préférer Piſon.
Sa vertu plus ſolide, & toute inébranlable,
Nous fera comme Auguſte un ſiécle incomparable,
Où l'autre par Néron dans le vice abîmé,
Raménera ce luxe où ſa main l'a formé,
Et tous les attentats de l'infame licence
Dont il oſa ſouiller la ſuprème puiſſance.

### CAMILLE.

Othon près d'un tel Maiſtre a ſceu ſe ménager,
Iuſqu'à ce que le temps ait pû l'en dégager.
Qui ſçait faire ſa Cour ſe fait aux mœurs du Prince,
Mais il fut tout à ſoy quand il fut en Province,
Et ſa haute vertu par d'illuſtres effets,
Y diſſipa ſoudain ces vices contrefaits.

Chaque jour a fous vous groffi fa renommée ;
Mais Pifon n'eut jamais de Charge, ny d'Armée,
Et comme il a vécu jusqu'icy fans employ,
On ne fçait ce qu'il vaut que fur fa bonne foy.
Ie veux croire en faueur des Héros de fa race
Qu'il en a les vertus, qu'il en fuivra la trace,
Qu'il en égalera les plus illuftres noms,
Mais j'en croirois bien mieux de grandes actions.
Si dans un long éxil il a paru fans vice,
La vertu des bannis fouvent n'eft qu'artifice,
Sans vous avoir fervy vous l'avez ramené :
Mais l'autre eft le prémier qui vous ait couronné,
Dès qu'il vid deux partis, il fe rangea du voftre,
Ainfi l'un vous doit tout, & vous devez à l'autre.

### G A L B A.

Vous prendrez donc le foin de m'acquiter vers luy,
Et comme pour l'Empire il faut un autre appuy,
Vous croirez que Pifon eft plus digne de Rome,
Pour ne plus en douter fuffit que je le nomme.

### C A M I L L E.

Pour Rome & fon Empire, après vous je le croy,
Mais je doute fi l'autre eft moins digne de moy.

### G A L B A.

Doutez-en, un tel doute eft bien digne d'une ame
Qui voudroit de Néron revoir le fiécle infame,
Et qui voyant qu'Othon luy reffemble le mieux,

### C A M I L L E.

Choififfez de vous mefme, & je ferme les yeux,
Que vos feules bontez de tout mon fort ordonnent,
Ie me donne en aveugle à qui qu'elles me donnent.
Mais quand vous confultez Lacus & Martian,
Vn époux de leur main me paroit un tyran,
Et fi j'ofe tout dire, en cette conjoncture,
Ie regarde Pifon comme leur créature,

Qui régnant par leur ordre, & leur prétant sa voix,
Me forcera moy-mesme a recevoir leurs loix.
Ie ne veux point d'un trosne où je sois leur captive,
Où leur pouvoir m'enchaisne & quoy qu'il en arrive,
I'aime mieux un mary qui sçache estre Empereur,
Qu'un mary qui le soit & souffre un Gouverneur.

### GALBA.

Ce n'est pas mon dessein de contraindre les ames,
N'en parlós plus, dans Rome il sera d'autres femme
A qui Pison en vain n'offrira pas sa foy :
Vostre main est à vous, mais l'Empire est à moy.

# SCENE IV.

## GALBA, OTHON, CAMILLE,

### ALBIN, ALBIANE.

### GALBA.

O Thon, est-il bien vray que vous aimiez Camille ?

### OTHON.

Cette témérité m'est sans doute inutile,
Mais si j'osois, Seigneur, dans mon sort adoucy :

### GALBA.

Non, non, si vous l'aimez, elle vous aime aussi,
Son amour près de moy vous rend de tels offices,
Que je vous en fais don pour prix de vos services,
Ainsi bien qu'à Lacus j'aye accordé pour vous
Qu'aujourd'huy de Plautine on vous verroit l'époux.
L'illustre & digne ardeur d'une flâme si belle,
M'en fait révoquer l'ordre, & vous obtient pour elle.

## OTHON.
Vous m'en voyez de joye interdit & confus.
Quand je me pronoçois moy-méme un prompt refus,
Que j'attendois l'effet d'une juste colére,
Ie suis assez heureux pour ne vous pas déplaire !
Et loin de condamner des vœux trop élevez....

### GALBA.
Vous sçavez mal encor combien vous luy devez.
Son cœur de telle force à vostre Hymen aspire,
Que pour mieux estre à vous il renonce à l'Empire.
Choisissez donc ensemble à communs sentimens
Des Charges dans ma Cour, ou des Gouvernemens,
Vous n'avez qu'à parler.

### OTHON.
Seigneur, si la Princesse....

### GALBA.
Pison n'en voudra pas dédire ma promesse.
Ie l'ay nommé César pour le faire Empereur,
Vous sçavez ses vertus, je répons de son cœur.
Adieu, pour observer la forme accoûtumée,
Ie le vay de ma main présenter à l'Armée.
Pour Camille, en faveur de cét heureux lien,
Tenez vous asseuré qu'elle aura tout mon bien,
Ie la fais de ce jour mon unique héritiére.

## SCENE V.

## OTHON, CAMILLE, ALBIN, ALBIANE.

### CAM.

VOus pouvez voir par là mon ame toute entiére,
Seigneur, & je voudrois en vain la déguiser,
Après ce que pour vous l'amour me fait oser ;
Ce que Galba pour moy prend le soin de vous dire..

### OTHON.

Quoy donc, Madame, Othon vous consteroit
l'Empire ?
Il sçait mieux ce qu'il vaut, & n'est pas d'un tel prix,
Qu'il le faille acheter par ce noble mépris.
Il se doit opposer à cét effort d'estime,
Où s'abaisse pour luy ce cœur trop magnanime,
Et par un mesme effort de magnanimité
Rendre une ame si haute au trône mérité.
D'un si parfait amour quelles que soient les causes...

### CAMILLE.

Ie ne sçay point, Seigneur, faire valoir les choses,
Et dans ce prompt succès dont nos cœurs sont char-
mez
Vous me devez bien moins que vous ne présumez.
Il semble que pour vous je renonce à l'Empire.
Et qu'un amour aveugle ait sceu me le prescrire ;
Ie vous aime, il est vray, mais si l'Empire est doux,
Ie croy m'en asseurer quand je me donne à vous.
Tant que vivra Galba, le respect de son âge,
Du moins apparemment, soûtiendra son suffrage,
Pison croira régner : mais peut-estre qu'un jour
Rome se permettra de choisir à son tour.

A faire un Empereur alors quoy qui l'excite ,
Qu'elle en veuille la race , ou cherche le mérite ,
Noftre union aura des voix de tous coftez ,
Puisque j'en ay le fang, & vous les qualitez.
Sous un nom fi fameux qui vous rend préférable ,
L'héritier de Galba fera confidérable.
On aimera ce tître en un fi digne époux ,
Et l'Empire eft à moy fi l'on me voit â vous.

### OTHON,

Ah ! Madame , quittez cette vaine espérance
De nous voir quelque jour remettre en la balance.
S'il faut que de Pifon on accepte la loy ,
Rome, tant qu'il vivra, n'aura plus d'yeux pour moy.
Elle a beau murmurer contre un indigne maiftre ,
Elle en fouffre, pour lafche, ou mefchant qu'il puiffe
    eftre.
Tibére étoit crüel , Caligule brutal ,
Claude fôible , Néron en forfaits fans égal ,
Il fe perdit luy mefme à force de grands crimes ,
Mais le reste a paffé pour Princes légitimes.
Claude mefme, ce Claude & fans cœur & fans yeux ,
A peine les ouvrit qu'il devint furieux ,
Et Narciffe & Pallas l'ayant mis en furie
Firent fous fon aveu régner la barbarie.
Il régna toutefois , bien qu'il fe fift haïr ,
Iusqu'à ce que Néron fe fafcha d'obéïr ,
Et ce monstre ennemy de la vertu Romaine
N'a fuccombé que tard fous la commune haine.
Par ce qu'ils ont ofé jugez fur vos refus
Ce qu'ofera Pifon gouverné par Lacus :
Il aura peine à voir , luy qui pour vous foûpire ,
Que voftre Hymen chez moy laiffe un droit à l'Em-
    pire ,
Chacun fur ce panchant voudra faire fa Cour ,
Et le pouvoir fupréme enhardit bien l'amour.

Si Néron qui m'aimoit ofa m'ofter Poppée,
Iugez pour reffaifir voftre main ufurpée,
Quel fcrupule on aura du plus noir attentat,
Contre un rival enfemble & d'amour & d'Etat.
Il n'eft point ny d'éxil, ny de Lufitanie,
Qui dérobe à Pifon le reste de ma vie,
Et je fçay trop la Cour pour douter un moment,
Ou des foins de fa haine, ou de l'événement.

## CAM.

Et c'eft la ce grand cœur qu'on croyoit intrépide?
Le péril comme un autre à mes yeux l'intimide,
Et pour monter au trofne, & pour me poffeder,
Son espoir le plus beau n'ofe rien hazarder?
Il redoute Pifon? Dites moy donc, de grace,
Si d'aimer en lieu mefme on vous a veu l'audace,
Si pour vous & pour luy le trofne eut mémc appas,
Etes vous moins rivaux pour ne mépoufer pas?
A quel droit voulez vous que cette haine ceffe
Pour qui luy disputa ce trofne & fa Maîtreffe,
Et qu'il veuille oublier fe voyant Souverain
Que vous pouvez dans l'ame en garder le deffein?
Ne vous y trompez plus, il a veu dans cette ame,
Et voftre ambition, & toute voftre flame,
Etpeut tout contre vous, à moins que contre luy
Mon Hymen chez Galba vous affeure un appuy.

## OTHON.

Et bien, il me perdra pour vous avoir aimée,
Sa haine fera douce à mon ame enflamée,
Et tout mon fang n'a rien que je veuille épargner,
Si ce n'eft que par là que vous pouvez régner,
Permettez cependant à cét amour fincére
De vous redire encor ce qu'il n'ofe vous taire;
En l'état qu'eft Pifon, il vous faut aujourd'huy
Renoncer à l'Empire ou le prendre avec luy.

Avant qu'en décider pensez y bien, Madame,
C'est vostre intérest seul qui fait parler ma flame,
Il est mille douceurs dans un grade si haut,
Ou peut-estre avez vous moins pensé qu'il ne faut,
Peut-estre en un moment serez-vous détrompée,
Et si j'osois encor vous parler de Poppée,
Ie dirois que sans doute elle m'aimoit un peu,
Et qu'un trosne alluma bien-tost un autre feu.
Le Ciel vous a fait l'ame & plus grande & plus belle,
Mais vous étes Princesse & femme enfin comme elle.
L'horreur de voir une autre au rang qui vous est deu,
Et le juste chagrin d'avoir trop descendu,
Presseront en secret cette ame de se rendre
Mesme au plus foible espoir de le pouvoir reprendre.
Les yeux ne veulent pas en tout temps se fermer,
Mais l'Empire en tout temps a dequoy les charmer,
L'amour passe ou languit, & pour fort qu'il puisse
 estre,
De la soif de régner il n'est pas toûjours maistre.

### CAMILLE.

Ie ne sçay quel amour je vous ay pû donner,
Seigneur, mais sur l'Empire il aime à raisonner,
Ie l'y trouve assez fort, & mesme d'une force
A montrer qu'il connoit tout ce qu'il a d'amorce,
Et qu'à ce qu'il me dit touchant un si grand choix,
Il a daigné penser un peu plus d'une fois.
Ie veux croire avec vous qu'il est ferme & sincere,
Qu'il me dit seulement ce qu'il n'ose me taire,
Mais à parler sans feinte ....

### OTHON.
                    Ah ! Madame, croyez....

### CAMILLLE.

Ouy, j'en croiray Pison à qui vous m'envoyez,

Et vous, pour vous donner quelque peu plus de
    joye,
Vous en croirez Plautine à qui je vous renvoye.
Ie n'en suis point jalouse, & le dy sans couroux,
Vous n'aimez que l'Empire, & je n'aimois que vous.
N'en appréhendez rien, je suis femme & Princesse,
Sans en avoir pourtant l'orgueil, ny la foiblesse,
Et vostre aveuglement me fait trop de pitié,
Pour l'accabler encor de mon inimitié.

O T H O N.

Que je voy d'appareils, Albin, pour ma rüine !

A L B I N.

Seigneur, tout est perdu, si vous voyez Plautine.

O T H O N.

Allons y toutefois, le trouble où je me voy
Ne peut souffrir d'avis que d'un cœur tout à moy.


*Fin du troisiéme Acte.*

## ACTE QVATRIESME.

# SCENE I.

## OTHON, PLAVTINE.

### PLAVTINE.

Qve voulez vous, Seigneur, qu'enfin je vous
    conseille?
Ie sens un trouble égal d'une douleur pareille,
Et mon cœur tout à vous n'est pas assez à soy,
Pour trouver un reméde aux maux que je prévoy.
Ie ne sçay que pleurer, je ne sçay que vous plaindre.
Le seul choix de Pison nous donne tout à craindre,
Mon pére vous a dit qu'il ne laisse à tous trois
Que l'espoir de mourir ensemble à nostre choix;
Et nous craignons de plus une amante irritée
D'une offre en moins d'un jour receüe & rétractée,
D'un hommage où la suite a si peu répondu,
Et d'vn trosne qu'en vain pour vous elle a perdu.
Pour vous avec ce trosne elle étoit adorable,
Pour vous elle y renonce, & n'a plus rien d'aimable;
Où ne portera point un si juste couroux
La honte de se voir sans l'Empire & sans vous?
Honte d'autant plus grande, & d'autant plus sensible,
Qu'elle s'y promettoit un retour infaillible,
Et que sa main par vous croyoit trop regagner
Ce que son cœur pour vous paroissoit dédaigner.

### OTHON.

Ie n'ay donc qu'à mourir, je l'ay voulu, Madame,
Quand je l'ay pû sans crime en faveur de ma flame,

Et je le doy vouloir quand voſtre Arreſt crüel
Pour mourir juſtement m'a rendu criminel.
Vous m'avez commandé de m'offrir à Camille,
Graces à nos mal-heurs ce crime eſt inutile ,
Ie mourray tout à vous , & ſi pour obéïr
l'ay paru mal aimer , j'ay ſemblé vous trahir ,
Ma main par ce meſme ordre à vos yeux enhardie
Lauera dans mon ſang ma fauſſe perfidie.
N'enviez pas , Madame , à mon ſort inhumain
La gloire de finir du moins en vray Romain ,
Après qu'il vous a plû de me rendre incapable
Des douceurs de mourir en Amant véritable.

### P L A V T I N E.

Bien loin d'en condamner la noble paſſion ,
I'y veux borner ma joye & mon ambition.
Pour de moindres malheurs on renonce à la vie.
Soyez ſeur de ma part de l'éxemple d'Arrie ,
I'ay la main auſſi ferme , & le cœur auſſi grand ,
Et quand il le faudra je ſçay comme on s'y prend.
Si vous daigniez, Seigneur juſque la vous contrain-
      dre,
Peut-eſtre eſpérerois-je en voyant tout à craindre.
Camille eſt irritée, & ſe peut appaiſer :

### O T H O N.

Me condamneriez-vous , Madame , a l'épouſer ?

### P L A V T I N E.

Que n'y puis je moy-meſme oppoſer ma défenſe ?
Mais ſi vos jours enfin n'ont point d'autre aſſurance,
S'il n'eſt point d'autre azile :

### O T H O N.

                        Ah ! courons à la mort ,
Ou ſi pour l'éviter il faut nous faire effort ,
Subiſſons de Lacus toute la tyrannie.
Avant que me ſoûmettre à cette ignominie ,

                                    l'en

I'en fçauray préférer les plus barbares coups
A l'affront de me voir fans l'Empire & fans vous,
Aux hontes d'un Hymen qui me rendroit infame,
Puifqu'on fait pour Camille un crime de fa flame,
Et qu'on luy vole un trofne en haine d'une foy
Qu'a voûlu fon amour ne promettre qu'à moy.
Non que pour moy fans vous ce trofne euft aucuns
    charmes,
Pour vous je le cherchois, mais non-pas fans alar-
    mes,
Et fi tantoft Galba ne m'euft point dédaigné,
I'aurois porté le fceptre & vous auriez régné:
Vos feules volontez mes dignes Souveraines
D'un Empire fi vaste auroient tenu les refnes,
Vos loix....

### PLAVTINE.

C'eft donc à moy de vous faire Empereur,
Ie l'ay pû, les moyens d'abord m'ont fait horreur,
Mais je fçauray la vaincre, & me donnant moy-mef-
    me
Vous affeurer enfemble & vie & Diadème,
Et réparer par là le crime d'un orgueil
Qui vous dérobe un Trofne & vous ouvre un cer-
    cueil.
De Martian pour vous j'aurois eu le fuffrage,
Si j'auois pû fouffrir fon infolent hommage,
Son amour....

### OTHON.

Martian fe connoiftroit fi peu,
Que d'ofer.....

### PLAVTINE.

Il n'a pas encore éteint fon feu.
Et du choix de Pifon quelles que foient les caufes,
Ie n'ay qu'à dire un mot pour brouiller bien des
    chofes.

E

O T H O N.

Vous vous ravaleriez jusques à l'écouter,

PLAVTINE.

Pour vous j'iray Seigneur jusques à l'accepter.

OTHON.

Confultez voftre gloire, elle fçaura vous dire....

PLAVTINE.

Qu'il eft de mon devoir de vous rendre l'Empire.

OTHON.

Qu'un front encor marqué des fers qu'il a portez....

PLAVTINE.

A droit de me charmer s'il fait vos feuretez.

OTHON.

En concevez-vous bien toute l'ignominie?

PLAVTINE.

Ie n'en puis voir, Seigneur à vous fauver la vie,

OTHON.

L'époufer à ma veüe, & pour comble d'ennuy,

PLAVTINE.

Donnez vous à Camille, ou je me donne à luy.

OTHON.

Périffons, périffons, Madame, l'un pour l'autre,

Avec toute ma gloire, avec toute la voftre,

Pour nous faire un trépas dont les Dieux foient jaloux,

Rendez-vous toute à moy, comme moy tout à vous;

Ou fi pour conferver en vous tout ce que j'ai e,

Mon malheur vous obftine à vous donner vous-
mefme,

Du moins de voftre gloire ayez un foin égal,

Et ne me préférez qu'un illuftre Rival.

I'en mourray de douleur, mais je mourrois de rage,

Si vous me préfériez un refte d'efclavage.

## SCENE II.

### VINIVS, OTHON, PLAVTINE.

#### OTHON.

AH! Seigneur, empefchez que Plautine....

#### VINIVS.

Seigneur,
Vous empefcherez tout fi vous avez du cœur.
Malgré de nos destins la rigueur importune,
Le Ciel met en vos mains toute noftre fortune.

#### PLAVTINE.

Seigneur, que dites-vous ?

#### VINIVS.

Ce que ie viens de voir,
Que pour eftre Empereur il n'a que le vouloir.

#### OTHON.

Ah ! Seigneur, plus d'Empire, à moins qu'avec
Plautine.

#### VINIVS.

Saififfez-vous d'un Trofne où le Ciel vous destine,
Et pour choifir vous-mefme avec qui le remplir
A vos heureux destins aidez à s'accomplir.

L'Armée a veu Pifon, mais avec un murmure
Qui fêbloit mal goufter ce qu'on nous fait d'injure.
Galba ne l'a produit qu'avec févérité,
Sans faire aucun espoir de liberalité.
Il pouvoit fous l'appas d'une feinte promeffe
Ietter dans les Soldats un moment d'allegreffe ;
Mais il a mieux aimé hautement protester
Qu'il fçavoit les choifir & non les acheter.

E ij

Ces hautes duretez à contre-temps pouſſées
Ont r'appelé l'horreur des crüautez paſſées,
Lors que d'Espagne à Rome il ſema ſon chemin
De Romains immolez à ſon nouveau destin,
Et qu'ayant de leur ſang ſouillé chaque contrée
Par un nouveau carnage il y fit ſon entrée.
Auſſi durant le temps qu'a harangué Piſon
Ils ont de rang en rang fait courir voſtre nom,
Quatre des plus zélez ſont venus me le dire,
Et m'ont promis pour vous les Troupes & l'Empire.
Courez donc à la Place où vous les trouverez,
Suivez-les dans leur Camp & vous en aſſeurez,
Vn temps bien pris peut tout.

　　　　　　O T H O N.
　　　　　　　　Si cét astre contraire
Qui m'a....

　　　　　V I N I V S.
　　　　Sans discourir faites ce qu'il faut faire,
Vn moment de ſéjour peut tout déconcerter,
Et le moindre ſoupçon vous va faire arréter.

　　　　　　O T H O N.
Avant que de partir ſouffrez que je protéste...

　　　　　V I N I V S.
Partez, en Empereur vous nous direz le reste.

## SCENE III.

### VINIVS, PLAVTINE.

#### VINIVS.

CE n'eſt pas tout, ma fille, un bonheur plus
     certain,
Quoy qu'il puiſſe arriver, met l'Empire en ta main.

#### PLAVTINE.

Flateriez-vous Othon d'une vaine chimére?

#### VINIVS.

Non, tout ce que j'ay dit n'eſt qu'un rapport ſincére,
Ie croy te voir régner avec ce cher Othon,
Mais n'eſpére pas moins du coſté de Piſon.
Galba te donne à luy. Piqué contre Camille,
Dont l'amour a rendu ſon projét inutile,
Il veut que cét Hymen puniſſant ſes refus
Réüniſſe avec moy Martian & Lacus,
Et trompe heureuſement les préſages ſiniſtres
De la diviſion qu'il voit en ſes Miniſtres.
Ainſi des deux coſtez on combatra pour toy,
Le plus heureux des Chefs t'apportera ſa foy,
Sans part à ſes périls tu l'auras à ſa gloire,
Et verras à tes pieds l'une ou l'autre victoire.

#### PLAVTINE.

Quoy, mon cœur par vous-meſme à ce Heros donné
Pourroit ne l'aimer plus s'il n'eſt point couronné,
Et s'il faut qu'à Piſon ſon mauvais ſort nous livre,
Pour ce meſme Piſon je pourrois vouloir vivre?

E iij

## VINIVS.

Si nos communs souhaits ont un contraire effet,
Tu te peux faire encor l'effort que tu t'ès fait,
Et qui vient de donner Othon au Diadème,
Pour régner à son tour peut se donner soy-mesme.

## PLAVTINE.

Si pour le couronner j'ay fait un noble effort,
Doy-je en faire un honteux pour joüir de sa mort !
Ie me privois de luy sans me vendre à personne,
Et vous voulez, Seigneur, que son trépas me donne,
Que mon cœur entraisné par la splendeur du rang,
Vole après une main fumante de son sang,
Et que de ses malheurs triomphante & ravie
Ie sois l'infame prix d'avoir tranché sa vie ?
Non, Seigneur, nous aurons mesme sort aujour-
d'huy,
Vous me verrez régner, ou périr avec luy,
Ce n'est qu'à l'un des deux que tout ce cœur aspire.

## VINIVS.

Que tu vois mal encor ce que c'est que l'Empire !
Si deux jours seulement tu pouvois l'essayer,
Tu ne croirois jamais le pouvoir trop payer,
Et tu verrois périr mille amants avec joye,
S'il falloit tout leur sang pour t'y faire une voye.
Aime Othon, si tu peux t'en faire un seur appuy,
Mais s'il en est besoin, aime toy plus que luy,
Et sans t'inquiéter où fondra la tempeste,
Laisse aux Dieux à leur choix écraser une teste,
Pren le scéptre aux dépens de qui succombera,
Et régne sans scrupule avec qui régnera.

## PLAVTINE.

Que vostre Politique a d'étranges maximes !
Mon amour, s'il l'osoit, y trouveroit des crimes,
Ie sçais aimer Seigneur, je sçay garder ma foy,
Ie sçay pour un amant faire ce que je doy,

Ie fçais à fon bonheur m'offrir en facrifice,
Et je fçauray mourir fi je voy qu'il périffe :
Mais je ne fçay point l'art de forcer ma douleur
A pouvoir recueillir les fruits de fon malheur.

### VINIVS.

Tien pourtant l'ame prefte à le mettre en ufage,
Change de fentimens, ou du moins de langage,
Et pour mettre d'accord ta fortune & ton cœur,
Souhaite pour l'amant, & te garde au vainqueur.
Adieu, je vois entrer la Princeffe Camille :
Quelque trouble où tu fois monftre une ame tran-
   quille,
Profite de fa faute, & tien l'œil mieux ouvert
Au vif & doux éclat du trofne qu'elle perd.

# SCENE IV.

## CAMILLE, PLAVTINE, ALBIANE

### CAMILLE.

AGrérez-vous, Madame, un fidelle fervice,
Dont je viens faire hommage à mon Impera-
trice ?

### PLAVTINE.

Ie croy n'avoir pas droit de vous en empefcher,
Mais ce n'eft pas icy qu'il vous la faut chercher.

### CAMILLE.

Lors que Galba vous donne à Pifon pour époufe…

### PLAVTINE.

Il n'eft pas encor temps de vous en voir jaloufe.

### C A M I L L E.

Si j'aimois toutefois, ou l'Empire, ou Pifon,
Ie pourrois déja l'eftre avec quelque raifon.

### P L A V T I N E.

Et fi j'aimois Madame, ou Pifon, ou l'Empire,
I'aurois quelque raifon de ne m'en pas dédire.
Mais voftre éxemple apprend aux cœurs comme le
    mien
Qu'un généreux mépris quelquefois leur fied bien.

### C A M I L L E.

Quoy? l'Empire & Pifon n'ont rien pour vous d'ai-
    mable!

### P L A V T I N E.

Ce que vous dédaignez je le tiens méprifable,
Ce qui plaift à vos yeux aux miens femble auffi doux;
Tant je trouve de gloire à me régler fur vous.

### C A M I L L E.

Donc fi j'aimois Othon ...

### P L A V T I N E.

               Ie l'aimerois de mefme,
Si ma main avec moy donnoit le Diadème.

### C A M I L L E.

Ne peut-on fans le trofne eftre digne de luy ?

### P L A V T I N E.

Ie m'en rapporte à vous qu'il aime d'aujourd'huy.

### C A M I L L E.

Vous pouvez mieux qu'une autre en dire des Nou-
    velles,
Et comme vos ardeurs ont été mutüelles,
Voftre éxemple ne laiffe à perfonne à douter
Qu'à moins de la Couronne on peut le mériter.

### P L A V T I N E.

Mon éxemple ne laiffe à douter à perfonne
Qu'il pourra vous quitter à moins de la Couronne.

CAMILLE.

Il a trouvé fans elle en vos yeux tant d'appas ...

PLAVTINE.

Toutes les paffions ne fe reffemblent pas.

CAMILLE.

En effet vous avez un mérite fi rare !

PLAVTINE.

Mérite à part , l'amour eft quelquefois bizarre,
Selon l'objet divers le gouft eft différent ,
Aux unes on fe donne , aux autres on fe vend.

CAMILLE.

Qui connoiffoit Othon pouvoit à la pareille
M'en donner en amie un avis à l'oreille.

PLAVTINE.

Et qui l'estime affez pour l'élever fi haut,
Peut quand il luy plaira m'apprendre ce qu'il vaut,
Afin que fi mes feux ont ordre de renaiftre ...

CAMILLE.

I'en ay fait quelque estime avant que le connoiftre.
Et vous l'ay renvoyé dès que je l'ay connû.

PLAVTINE.

Qui vient de voftre part eft toûjours bien-venu.
I'accepte le prefent , & croy pouvoir fans honte
L'ayant de voftre main en tenir quelque conte.

CAMILLE.

Pour vous rendre fon ame il vous eft venu voir.

PLAVTINE.

Pour négliger voftre ordre il fçait trop fon devoir.

CAMILLE.

Il vous a toft quittée, & fon ingratitude...

PLATINE.

Vous met-elle, Madame , en quelque inquiétude?

CAMILLE.

Non , mais j'aime à fçavoir comment on m'obéït.

PLAVTINE.

La curiosité quelquefois nous trahit,
Et par un demy-mot que du cœur elle tire
Souvent elle dit plus qu'elle ne penfe dire.

CAMILLE.

La mienne ne dit pas tout ce que vous penfez.

PLAVTINE.

Sur tout ce que je penfe elle s'explique affez.

CAMILLE

Souvent trop d'intéreft que l'amour force à prendre
Entend plus qu'on ne dit, & qu'on ne doit entendre.
Si vous fçaviez quel eft mon plus ardent defir...

PLAVTINE,

D'Othon & de Pifon je vous donne à choifir.
Mon peu d'ambition vous rend l'un avec joye,
Et pour l'autre, s'il faut que je vous le renvoye,
Mon amour, je l'avoüe, en pourra murmurer,
Mais vous fçavez qu'au voftre il aime à déférer.

CAMILLE.

Ie pourray me paffer de cette déférence.

PLAVTINE.

Sans doute, & toutefois fi j'en croy l'apparence....

CAMILLE.

Brifons-là, ce discours déviendroit ennuyeux.

PLAVTINE.

Martian que je voy vous entrétiendra mieux,
Agréez ma retraite, & fouffrez que j'évite
Vn esclave infolent de qui l'amour m'irrite.

## SCENE V.

### CAMILLE, MARTIAN, ALBIANE

#### CAMILLE.

A Ce quelle me dit Martian, vous l'aimez ?
#### MARTIAN.
Malgré ses fiers mépris mes yeux en sont charmez.
Cependant, pour l'Empire, il est à vous encore,
Galba s'est laissé vaincre, & Pison vous adore,
#### CAMILLE.
De vostre haut crédit c'est donc un pur effet ?
#### MARTIAN.
Ne désavouez point ce que mon zèle a fait.
Mes soins de l'Empereur ont fléchy la colére,
Et renvoyé Plautine obéïr chez son pére,
Nostre nouveau César la vouloit épouser,
Mais j'ay sçeu le resoudre à s'en désabuser,
Et Galba que le sang presse pour sa famille
Permet a Vinius de mettre ailleurs sa fille,
L'un vous rend la Couronne, & l'autre tout son cœur.
Voyez mieux qu'elle en est la gloire & la douceur,
Quelle félicité vous vous étiez ostée
Par une aversion un peu précipitée ...
Et pour vos intérests daignez considérer ....
#### CAMILLE.
Ie voy quelle est ma faute, & puis la réparer,
Mais je veux, ( car jamais on ne m'a veuë ingrate )
Que ma reconnoissance auparavant éclate,
Et n'accorderay rien qu'on ne vous fasse heureux.

Vous aimez, dites-vous, cét objet rigoureux,
Et Pison dans fa main ne verra point la mienne,
Qu'il n'ait réduit Plautine à vous donner la fienne :
Si pourtant le mépris qu'elle fait de vos feux
Ne vous a pû contraindre à former d'autres vœux.

### MARTIAN.

Ah ! Madame, l'Hymen a de fi douces chaifnes,
Qu'il luy faut peu de temps pour calmer bien des
    haines.
Et du moins mon bonheur fçauroit avec éclat
Vous vanger de Plautine, & punir un ingrat.

### CAMILLE.

Ie l'avois préféré, cét ingrat, à l'Empire,
Ie l'ay dit, & trop haut pour m'en pouvoir dédire,
Et l'amour qui m'apprend le foible des amans
Vnit vos plus doux vœux à mes reffentimens,
Pour me faire ébaucher ma vangeance en Plautine,
Et l'achever bien-toft par fa propre ruine.

### MARTIAN.

Ah ! fi vous la voulez, je fçay des bras tous prefts,
Et j'ay tant de chaleur pour tous vos interefts ...

### CAMILLE.

Ah, que c'eft me donner une fenfible joye !
Ces bras que vous m'offrez faites que je les voye,
Que je leur donne l'ordre & prescrive le temps.
Ie veux qu'aux yeux d'Othon vos defirs foient con-
    tens,
Que luy-mefme il ait veu l'Hymen de fa Maîtreffe
Livrer entre vos bras l'objet de fa tendreffe,
Qu'il ait ce défespoir avant que de mourir :
Après, à fon trépas vous me verrez courir ;
Iusque-là gardez-vous de rien faire entreprendre.
Du pouvoir qu'on me rend, vous devez tout attēdre,
Allez vous préparer à ces heureux momens,
Mais n'éxécutez rien fans mes commandemens.

SCENE VI.

## SCENE VI.

### CAMILLE, ALBIANE.

#### ALBIANE.

Vous voulez perdre Othon! vous le pouvez, Madame!

#### CAMILLE.

Que tu pénétres mal dans le fond de mon ame!
De fon lafche rival voyant le noir projet
J'ay fceu par cette adreffe en arréter l'éffet,
M'en rendre la maîtreffe, & je feray ravie
S'il peut fçavoir les foins que je prens de fa vie.
Va me chercher ton frére, & fay que de ma part
Il apprenne par luy ce qu'il court de hazard,
A quoy va l'éxpofer fon aveugle conduite,
Et qu'il n'eft plus pour luy de falut qu'en la fuite.
C'eft tout ce qu'à l'amour peut fouffrir mon couroux.

#### ALBIANE.

Du couroux à l'amour le retour feroit doux.

F

## SCENE VII.

### CAMILLE, RVTILE, ALBIANE.

#### RVTILE.

AH ! Madame, apprenez quel malheur nous me-
nace,
Quinze ou vingt révoltez au milieu de la Place
Viennent de proclamer Othon pour Empereur.

#### CAMILLE.

Et de leur infolence Othon n'a point d'horreur,
Luy qui fçait qu'auffi-toft ces tumultes avortent ?

#### RVTILE.

Ils le ménent au Camp, ou plûtoft ils l'y portent,
Et ce qu'on voit de peuple autour d'eux s'amaffer
Frémit de leur audace, & les laiffe paffer.

#### CAMILLE.

L'Empereur le fçait-il ?

#### RVTILE.

Ouy, Madame, il vous mande,
Et pour un prompt reméde à ce qu'on appréhende,
Pifon de ces mutins va courir fur les pas
Avec ce qu'on pourra luy trouver de foldats.

#### CAMILLE.

Puisqu'Othon veut périr, confentons qu'il périffe.
Allons preffer Galba pour fon jufte fupplice.
Du couroux à l'amour fi le retour eft doux,
On repaffe aifément de l'amour au couroux.

### Fin du quatriéme Acte.

# ACTE V.

## SCENE I.

### GALBA, CAMILLE, RVTILE,
### ALBIANE.
#### GALBA.

JE vous le dis encor, redoutez ma vengeance,
Pour peu que vous foyez de fon intelligence.
On ne pardonne point en matiére d'Etat,
Plus on chérit la main, plus on hait l'attentat.
Et lors que la fureur va jusqu'au facrilége,
Le Séxe ny le fang n'ont point de privilége.

#### CAMILLE.

Cét indigne foupçon feroit bien-toft détruit,
Si vous voyiez du crime où doit aller le fruit.
Othon qui pour Plautine au fond du cœur foûpire,
Othon qui me dédaigne à moins que de l'Empire,
S'il en fait fa conquefte & vous peut détrofner,
Laquelle de nous deux voudra-t'il couronner?
Pourrois-je de Pifon conspirer la rüine,
Qui m'arrachant du trofne y porteroit Plautine?
Croyez mes interefts, fi vous doutez de moy,
Et fur de tels garands affeuré de ma foy,
Tournez fur Vinius toute la défiance
Dont veut ternir ma gloire une injuste croyance.

#### GALBA.

Vinius par fon zèle eft trop justifié,
Voyez ce qu'en un jour il m'a facrifié.

Il m'offre Othon pour vous qu'il souhaitoit pour
    gendre,
Ie le rends à sa fille, il aime à le reprendre,
Ie la veux pour Pison, mon vouloir est suivy,
Ie vous mets en sa place, & l'en trouve ravy,
Son amy se révolte, il presse ma colére,
Il donne à Martian Plautine à ma priére,
Et je soupçonnerois un crime dans les vœux
D'un homme qui s'attache à tout ce que je veux ?

### C A M I L L E.

Qui veut également tout ce qu'on luy propose
Dans le secret du cœur souvent veut autre chose,
Et maistre de son ame, il n'a point d'autre foy,
Que celle qu'en soy-mesme il ne donne qu'à soy.

### G A L B A.

Cét Hymen toutefois est l'épreuve derniére
D'une foy toûjous pure, inviolable, entiére,

### C A M I L L E.

Vous verrez à l'effet comment elle agira,
Seigneur, & comme enfin Plautine obéïra.
Seur de sa résistance, & se flatant peut-estre
De voir bien-tost icy son cher Othon le Maistre,
Dans l'état où pour vous il a mis l'avenir,
Il promet aisément plus qu'il ne veut tenir,

### G A L B A.

Le devoir désunit l'amitié la plus forte,
Mais l'amour aisément sur ce devoir l'emporte,
Et son feu qui jamais ne s'éteint qu'à demy
Intéresse une amante autrement qu'un amy.
I'apperçoy Vinius. Qu'on m'améne sa fille.
I'en puniray le crime en toute la famille,
Si jamais je puis voir par où n'en point douter ;
Mais aussi jusque-là j'aurois tort d'éclater.

## SCENE II.

## GALBA, CAMILLE, VINIVS,

### LACVS, ALBIANE.

### GALBA.

IE voy d'alleurs Lacus. Et bien, quelles Nouvelles?
Qu'apprenez-vous tous deux du camp de nos
rebelles?

### VINIVS.

Que ceux de la Marine & les Illyriens
Se font avec chaleur joints aux Prétoriens,
Et que des bords du Nil les Troupes rapelées
Seules par leurs fureurs ne font point ébranlées.

### LACVS.

Tous ces mutins ne font que de fimples foldats,
Aucun des Chefs ne trempe en leurs vains attentats :
Ainfi ne craignez rien d'une maffe d'Armée
Où déja la discorde eft peut-eftre allumée.
Si-toft qu'on y fçaura que le Peuple à grands cris
Veut que de ces complots les autheurs foient pros-
crits,
Que du perfide Othon il demande la tefte,
La confternation calmera la tempefte,
Et vous n'avez, Seigneur, qu'à vous y faire voir
Pour rendre d'un coup d'œil chacun à fon devoir.

### GALBA.

Irons nous, Vinius, hafter par ma préfence
L'effet d'une fi douce & fi jufte efpérance?

### V I N I V S.

Ne hazardez , Seigneur, que dans l'extrémité
Le redoutable effet de voſtre authorité.
Alors qu'il réüſſit , tout fait jour , tout luy céde ,
Mais auſſi quand il manque il n'eſt plus de reméde.
Il faut pour déployer le ſouverain pouvoir ,
Seureté toute entiére , ou profond deſespoir ,
Et nous ne ſommes pas ,  Seigneur, à ne rien fein-
    dre ,
En état d'oſer tout , non-plus que de tout craindre.
Si l'on court au grand crime avec avidité ,
Laiſſez en rallentir l'impétüoſité ,
D'elle meſme elle avorte , & la peur des ſupplices
Arme contre le Chef ſes plus zélez complices,
Vn ſalutaire avis agit avec lenteur .

### L A C V S.

Vn véritable Prince agit avec hauteur ,
Et je ne conçoy point cét avis ſalutaire ,
Quand on couronne Othon , de le regarder faire.
Si l'on court au grand crime avec avidité ,
Il en faut réprimer l'impétüoſité ,
Avant que les esprits qu'un juſte effroy balance
S'y puiſſent enhardir ſur noſtre nonchalance ,
Et prennent le deſſus de ces conſeils prudents ,
Dont on cherche l'effet, quand il n'en eſt plus temps.

### V I N I V S.

Vous détruirez toûjours mes conſeils par les voſtres;
Le ſeul ton de ma voix vous en inspire d'autres ,
Et tant que vous aurez ce rare & haut crédit
Ie n'auray qu'à parler pour eſtre contredit.
Piſon, dont l'heureux choix eſt voſtre digne ouvrage ,
Ne ſeroit que Piſon , s'il euſt eu mon ſuffrage:
Vous n'avez ſoûlevé Martian contre Othon
Que parce que ma bouche a proféré ſon nom ,

Et verriez comme un autre une preuve affez claire
De combien voftre avis eft le plus falutaire,
Si vous n'aviez fait vœu d'eftre jusqu'au trépas
L'ennemy des confeils que vous ne donnez pas.

### LACVS.

Et vous l'amy d'Othon, c'eft tout dire, & peut-
   eftre
Qui le vouloit pour gendre, & l'a choify pour maî-
   tre,
Ne fait encor de vœux qu'en faveur de ce choix
Pour l'avoir & pour maiftre & pour gendre à la fois.

### VINIVS.

I'étois l'amy d'Othon, & le ténois à gloire
Iusqu'à l'indignité d'une action fi noire,
Que d'autres nommeront l'effet du defespoir
Où l'a malgré mes foins plongé voftre pouvoir.
Ie l'ay voulu pour gendre, & choify pour l'Empire;
A l'un ny l'autre choix vous n'auez pû foucrire;
Par là de tout l'Etat le bonheur s'aggrandit,
Et vous voyez aussi comme il vous applaudit.

### GALBA.

Qu'un Prince eft malheureux quand de ceux qu'il
   écoute
Le zèle cherche à prendre une diverfe route,
Et que l'attachement qu'ils ont au propre fens
Pouffe jusqu'à l'aigreur des confeils différens!
Ne me trompay-je point, & puis-je nommer zèle
Cette haine à tous deux obstinément fidelle,
Qui peut eftre en dépit des maux qu'elle prévoit
Seule en mes intérefts fe confulte & fe croit?
Faites mieux, & croyez en ce péril extrème,
Vous, que Lacus me fert, vous, que Vinius m'aime;
Ne haïffez qu'Othon, & fongez qu'aujourd'huy
Vous n'avez à parler tous deux que contre luy.

## VINIVS.

I'ose donc vous redire en serviteur sincére
Qu'il fait mauvais pousser tant de gens en colére,
Qu'il faut donner aux bons pour s'entresoûtenir
Le temps de se remettre & de se réünir,
Et laisser aux méchans celuy de reconnoistre
Quelle est l'impiété de se prendre à son maistre.
Pison peut cependant amuser leur fureur,
De vos ressentimens leur donner la terreur,
Y joindre avec addresse un espoir de clémence
Au moindre repentir d'une telle insolence,
Et s'il vous faut enfin aller à son secours,
Ce qu'on veut à present on le pourra toûjours.

## LACVS.

I'en doute, & croy parler en serviteur sincére,
Moy qui n'ay point d'amis dans le party contraire.
    Attendrons nous, Seigneur, que Pison repoussé
Nous vienne ensévelir sous l'Etat renversé,
Qu'on descende en la Place en bataille rangée,
Qu'on tienne en ce Palais vostre Cour assiégée,
Que jusqu'au Capitole Othon aille à vos yeux
De l'Empire usurpé rendre graces aux Dieux,
Et que le front paré de vostre Diadème
Ce traistre trop heureux ordonne de vous-mesme ?
Allons, allons, Seigneur, les armes à la main
Soûtenir le Sénat & le peuple Romain;
Cherchons aux yeux d'Othon un trépas à leur teste,
Pour luy plus odieux, & pour nous plus honneste.
Et par un noble effort allons luy tesmoigner ...

## GALBA.

Et bien, ma niéce, & bien, est-il doux de régner ?
Est il doux de tenir le timon d'un Empire,
Pour en voir les soûtiens toûjours se contredire ?

## CAMILLE.

Plus on voit aux avis de contrariétez,
Plus à faire un bon choix on reçoit de clartez.
C'eſt ce que je dirois ſi je n'étois ſuſpecte :
Mais je ſuis à Piſon, Seigneur, & vous reſpecte,
Et ne puis toutefois retenir ces deux mots,
Que ſi l'on m'avoit creüe on ſeroit en repos.
Plautine qu'on améne aura meſme penſée.
D'une vive douleur elle paroit bleſſée ...

# SCENE III.

## GALBA, CAMILLE, VINIVS, LACVS

### PLAVTINE, RVTILE, ALBIANE.

### PLAVTINE.

IE ne m'en défens point, Madame, Othon eſt
mort,
De quiconque entre icy c'eſt le commun rapport,
Et ſon trépas pour vous n'aura pas tant de charmes,
Qu'à vos yeux comme aux miens il n'en couſte des
larmes.

### GALBA.

Dit-elle vray, Rutile, ou m'en flatay-je en vain ?

### RVTILE.

Seigneur, le bruit eſt grand, & l'autheur incertain,
Tous veulent qu'il ſoit mort, & c'eſt la voix publique,
Mais comment, & par qui, c'eſt ce qu'aucun n'explique.

### GALBA.

Allez, Lacus, vous-mesme prendre soin
De nous en faire voir un asseuré témoin,
Et si de ce grand coup l'autheur se peut connoistre ..,

# SCENE IV.

## GALBA, VINIVS, LACVS, CAMILLE, PLAVTINE, MARTIAN, ATTICVS, RVTILE, ALBIANE.

### MARTIAN.

QV'on ne le cherche plus, vous-le voyez paroistre.
Seigneur, c'est par sa main qu'un rebelle puny...

### GALBA.

Par celle d'Atticus ce grand trouble a finy !

### ATTICVS,

Mon zèle l'a poussée, & les Dieux l'ont conduite,
Et c'est à vous, Seigneur, d'en arréter la suite,
D'empescher le desordre, & borner les rigueurs
Où contre des vaincus s'emportent des vainqueurs.

### GALBA.

Courons-y. Cependant consolez vous, Plautine,
Ne pensez qu'à l'époux que mon choix vous destine.
Vinius vous le donne, & vous l'accepterez,
Quand vos prémiers soûpirs seront évaporez.
C'est à vous, Martian, que je la laisse en garde :
Comme c'est vostre main que son Hymen regarde,

Ménagez ſon esprit, & ne l'aigriſſez pas.
Vous pouvez, Vinius, ne ſuivre point mes pas,
Et la vieille amitié, pour peu qu'il vous en reste....

### V I N I V S.

Ah, c'eſt une amitié, Seigneur, que je déteste,
Mon cœur eſt tout à vous, & n'a point eu d'amis,
Qu'autant qu'on les a veus à vos ordres ſoûmis.

### G A L B A.

Suivez, mais gardez-vous de trop de complaiſance.

### C A M I L L E.

L'entretien des amants hait toute autre preſence,
Madame, & je retourne en mon aparte ment
Rendre graces aux Dieux d'un tel evenement.

# S C E N E  V.

## MARTIAN, PAVTINE, ATTICVS,

### S O L D A L S.

### P L A V T I N E.

A Llez-y renfermer des pleurs qui vous écha-
pent.
Les deſastres d'Othon ainſi que moy vous frapent,
Et ſi l'on avoit creu vos ſouhaits les plus doux,
Ce grand jour le verroit couronner avec vous.
Voilà, voilà le fruit de m'avoir trop aimée,
Voilà quel eſt l'effet....

### M A R T I A N

Si voſtre ame enflamée ....

### PLAVTINE.

Vil esclave, est-ce à toy de troubler ma douleur ?
Est-ce à toy de vouloir adoucir mon malheur ?
A toy de qui l'amour m'ose en offrir un pire ?

### MARTIAN.

Il est juste d'abord qu'un si grand cœur soûpire,
Mais il est juste aussi de ne pas trop pleurer
Vne perte facile & preste à réparer.
Il est temps qu'un Sujet à son Prince fidelle
Remplisse heureusement la place d'un rebelle;
Vn Monarque le veut, un pére en est d'accord,
Vous devez pour tous deux vous faire un peu d'ef-
    fort,
Et bannir de ce cœur la honteuse mémoire
D'un amour criminel qui souille vostre gloire.

### PLAVTINE.

Lasche, tu ne vaux pas que pour te démentir
Ie daigne m'abaisser jusqu'à te repartir.
Tay-toy, laisse en repos une ame possédée
D'une plus agréable encor que triste idée,
N'interromps plus mes pleurs.

### MARTIAN.

                    Tournez vers moy les yeux.
Après la mort d'Othon que pouvez-vous de mieux ?

### PLAVTINE.

*Cependant que deux Soldats entrent & parlent à*
*Atticus à l'oreille.*

Quelque insolent espoir qu'ait ta folle arrogance,
Appren que j'en sçauray punir l'extravagance,
Et percer de ma main ou ton cœur ou le mien;
Pluftost que de souffrir cét infame lien.
Connoy-toy si tu veux, ou connoy-moy.

### ATTICVS.

Connoy-toy, si tu peux, ou connoy moy.

### ATTICVS.

De grace,

Souffrez ...

### PLAVTINE.

De me parler tu prens aussi l'audace,
Assassin d'un Héros, que je verrois sans toy
Donner des loix au Monde & les prendre de moy ?
Toy, dont la main sanglante au desespoir me li-
vre ?

### ATTICVS,

Si vous aimez Othon, Madame, il va revivre,
Et vous verrez long-temps sa vie en seureté,
S'il ne meurt que des coups dont je me suis vanté.

### PLAVTINE.

Othon vivroit encor !

### ATTICVS.

Il triomphe, Madame,
Et maistre de l'Etat comme vous de son ame,
Vous l'allez bientost voir luy-mesme à vos genoux
Vous faire offre d'un sort qu'il n'aime que pour
vous,
Et dont sa passion dédaigneroit la gloire,
Si vous ne vous faisiez le prix de sa victoire.
L'Armée à son mérite enfin a fait raison,
On porte devant luy la teste de Pison.
Et Camille tient mal ce qu'elle vient de dire,
Ou rend graces pour vous aux Dieux d'un autre Em-
pire,
Et fatigue le Ciel par des vœux superflus
En faveur d'un party qu'il ne regarde plus.

### MARTIAN.

Exécrable, ainsi dont ta promesse frivole ...

### ATTICVS.

Qui promet de trahir peut manquer de parole.

G

Si je n'eusse promis ce lasche assassinat,
Vn autre par ton ordre eust commis l'attentat,
Et tout ce que j'ay dit n'étoit qu'un stratagème
Pour livrer en ses mains Lacus, & Galba mesme.
Galba n'a rien à craindre, on respecte son nom,
Et ce n'est que sous luy que veut régner Othon ;
Quant à Lacus & toy, je voy peu d'apparence
Que vos jours à tous deux soient en mesme asseu-
 rance,
Si ce n'est que Madame ait assez de bonté
Pour fléchir un vainqueur justement irrité.
Autour de ce Palais nous avions deux Cohortes
Qui déja pour Othon en ont saisi les portes,
I'y commande, Madame, & mon ordre aujourd'huy
Est de vous obeïr, & m'asseurer de luy.
Qu'on l'emméne, Soldats, il blesse icy la veüe.

### M A R T I A N.

Fut-il jamais disgrace, ô Dieux, plus impréveuë!

### P L A V T I N E.

Ie me trouble, & ne sçay par quel pressentiment
Mon cœur n'ose gouster ce bonheur pleinement,
Il semble avec chagrin se livrer à la joye,
Et bien qu'en ses douceurs mon déplaisir se noyc,
Ie ne passe de l'une à l'autre extrémité
Qu'avec un reste obscur d'esprit inquiété.
Ie sens... Mais que me veut Flavie épouuantée?

## SCENE VI.

### PLAVTINE, FLAVIE.

#### FLAVIE.

VOus dire que du Ciel la colére irritée,
Ou plûtoſt du Deſtin la jalouſe fureur ...

#### PLAVTINE.

Auroient ils mis Othon aux fers de l'Empereur,
Et dans ce grand ſuccez la Fortune inconstante
Auroit-elle trompé noſtre plus douce attente ?

#### FLAVIVS.
Othon eſt libre, il régne, & toutefois, Helas,
#### PLAVTINE.

Seroit-il ſi bleſſé qu'on craigniſt ſon trépas ?

#### FLAVIE.
Non, par tout à ſa veuë on a mis bas les armes,
Mais enfin ſon bonheur vous va couſter des larmes.
#### PLAVTINE.
Explique, explique donc ce que je doy pleurer.
#### FLAVIE.
Vous voyez que je tremble à vous le déclarer.
#### PLAVTINE.
Le mal-eſt il ſi grand ?
#### FLAVIE.
D'un balcon chez mon frére

J'ay veu . .. Que ne peut, on, Madame, vous le taire,
Ou qu'à voir ma douleur n'avez vous deviné
Que Vinius ...

**P L A V T I N E.**

Et bien ?

**F L A V I E.**

Vient d'eftre aſſaſſiné.

**P L A V T I N E.**

Iuste Ciel !　　　　**F L A V I E.**

De Lacus l'inimitié crüelle ...

**P L A V T I N E.**

O d'un trouble inconnu préſage trop fidelle !
Lacus ...　　　　**F L A V I E.**

C'eſt de ſa main que part ce coup fatal.
Tous deux près de Galba marchoient d'un pas égal,
Lors que tournant enſemble à la prémiére rüe
Ils découvrent Othon maiſtre de l'avenuë :
Cét effroy ne les fait reculer quelques pas
Que pour voir ce Palais ſaiſi par vos Soldats,
Et Lacus auſſi-toſt étincelant de rage,
De voir qu'Othon par tout luy ferme le paſſage,
Lance ſur Vinius un furieux regard,
L'approche ſans parler, & tirant un poignard ...

**P L A V T I N E.**

Le traiſtre, Helas, Flavie, ou me voy-je reduite ?

**F L A V I E.**

Vous m'entendez, Madame, & je paſſe à la ſuite.
Ce laſche ſur Galba portant meſme fureur,
Mourez, Seigneur, dit-il, mais mourez Empereur,
Et recevez ce coup comme un dernier hommage,
Que doit à voſtre gloire un généreux courage.
Galba tombe, & ce monstre enfin s'ouvrant le flanc
Meſle un ſang détestable à leur illustre ſang.
En vain le triste Othon à cet affreux ſpectacle
Précipite ſes pas pour y mettre un obstacle,
Tout ce que peut l'effort de ce cher conquérant

C'eft de verfer des pleurs fur Vinius mourant,
De l'embraffer tout mort. Mais le voilà, Madame,
Qui vous faira mieux voir les troubles de fon ame.

## SCENE VII.

### OTHON, PLAVTINE, FLAVIE.

#### OTHON.

Madame, fçavez-vous les crimes de Lacus?

#### PLAVTINE.

J'apprens en ce moment que mon pére n'eft plus,
Fuyez, Seigneur, fuyez un objet de trifteffe,
D'un jour fi beau pour vous gouftez mieux l'alle-
          greffe.
Vous étes Empereur, épargnez vous l'ennuy
De voir qu'un pére ...

#### OTHON.

                    Helas, je fuis plus mort que luy
Et fi voftre bonté ne me rend une vie
Qu'en luy perçant le cœur un traiftre m'a ravie,
Ie ne reviens icy qu'en malheureux Amant
Faire hommage à vos yeux de mon dernier moment.
Mon amour pour vous feule a cherché la victoire,
Ce mefme amour fans vous n'en peut fouffrir la
          gloire,
Et n'accepte le nom de maiftre des Romains,
Que pour mettre avec moy l'Vnivers en vos mains.
C'eft à vous d'ordonner ce qui luy refte à faire.

#### PLAVTINE.

C'eft à moy de gémir, & de pleurer mon pére.
Non que je vous impute en ma vive douleur
Les crimes de Lacus & de noftre malheur,

OTHON,

Mais enfin ...          OTHON.

Achevez, s'il ſe peut, en Amante

Nos feux ...     P L A V T I N E.

Ne preſſez point un trouble qui s'augmente,
Vous voyez mon devoir & connoiſſez ma foy,
En ce funeste état répondez-vous pour moy?
Adieu, Seigneur.          OTHON.

De grace, encor une parole,

Madame.

#### S C E N E   D E R N I E R E.

#### O T H O N ,   A L B I N.

##### A L B I N.

ON vous attend, Seigneur, au Capitole,
Et le Sénat en corps vient exprès d'y monter,
Pour jurer ſur vos loix aux yeux de Iuppiter.

OTHON,

I'y cours, mais quelque honneur, Albin qu'on m'y
destine,
Comme il n'auroit pour moy rien de doux ſans Plau-
tine,
Souffre du moins que j'aille en faveur de mon feu
Prendre pour y courir ſon ordre, ou ſon aveu,
Afin qu'à mon retour l'ame un peu plus tranquille
Ie puiſſe faire effort à conſoler Camille,
Et luy jurer moy-meſme en ce malheureux jour
Vne amitié fidelle au defaut de l'amour.

### F I N.

# EXTRAICT DV PRIVILEGE
## du Roy.

PAR Grace & Privilege du Roy donné à Paris le dernier d'Octobre 1664. figné par le Roy en fon Confeil GVITONNEAV; Il eſt permis à GVILLAVME DE LVYNE Marchand Libraire de faire imprimer vne piece de Théatre, de la compoſition du ſieur CORNEILLE, intitulée *Othon* ; pendant fept ans,& deffenfes font faites à tous autres de l'imprimer, à peine de dix mille livres d'amande, confiscation des Exemplaires, de tous dépens dommages & interefts, Comme il eft plus au long porté par lefdites Lettres.

Regiſtré fur le Livre de la Communauté des Libraires, le 28 Novembre 1664.

Signé E. MARTIN. Syndic.

*Achevé d'imprimer le 3. Fevrier 1665*

Et ledit de Luyne a fait part pour moitié du prefent Privilége à Thomas Iolly, & Loüis Billaine, vant l'accord fait entr'eux.

*Les Exemplaires ont eſté fournis.*

OTHON